DR. OETKER

Schnellkochtopf

DR. OETKER

Schnellkochtopf

Eine kräftige Brühe, ein saftiges Stück Fleisch oder gar ein ganzes Menü „mal eben auf die Schnelle" zaubern? Gesundes, gehaltvolles Essen „ganz locker" und ohne Streß „im Handumdrehen" zubereiten? Kein Problem! Mit dem Schnellkochtopf gelingt es garantiert. Seine einfach zu handhabende Technik erfüllt alle Ansprüche der modernen Küche. Mit ihm wird sowohl zeit-, als auch energie- und damit kostensparend gearbeitet. Und es schmeckt! Denn die Zutaten werden nicht von überberflüssigem Wasser ausgelaugt. Vielmehr wird den Aromastoffen der einzelnen Speisen im wahrsten Sinne des Wortes ordentlich Dampf gemacht. Worauf warten Sie also noch?

Vorwort

Inhaltsübersicht

Suppen und Eintöpfe
Seite 8 – 29

Fleisch
Seite 30 – 51

Geflügel und Wild
Seite 52 – 65

Fisch
Seite 66 – 77

Inhaltsübersicht

Gemüse und Beilagen
Seite 78 – 97

Vegetarisch
Seite 98 – 1o9

Desserts
Seite 11o – 117

Ratgeber
Seite 118 – 123

Was lange währt, wird garantiert weich. Nach diesem jahrzehntelang gepflegten Rezept haben Generationen ihr eigenes Süppchen gekocht. Heutzutage können einem solch antiquierte Vorstellungen eher die Suppe versalzen. Schließlich möchte man keinen „undefinierbaren Brei" vorgesetzt bekommen, sondern schon sehen, welche Zutaten da unter einem Deckel stecken. Der Schnellkochtopf ist dafür ideal. Seine schonende, kurze Gartechnik bewahrt den Zutaten weitgehend ihre Mineral- und Geschmacksstoffe. So gerät selbst der reichhaltigste Eintopf rundum vollmundig. Egal, welche Suppe man sich da einbrockt – man löffelt sie garantiert gern wieder aus.

Suppen und Eintöpfe

Suppen und Eintöpfe

Tomatensuppe

(Foto Seite 8/9)

Garzeit: 2. Ring, `04:00`

500 g Tomaten	waschen, Stengelansätze entfernen, Tomaten in Würfel schneiden
50 g fetten Speck	in Würfel schneiden, im Schnellkochtopf auslassen
2 abgezogene, gehackte Zwiebeln	
2 abgezogene, zerdrückte Knoblauchzehen	dazugeben, kurze Zeit mitdünsten lassen die Tomaten hinzufügen, verrühren
750 ml (¾ l) Gemüsebrühe	hinzugießen, mit
2 EL Tomatenmark	
1 TL gerebeltem Basilikum	
1 TL gerebeltem Oregano	
Salz	
frisch gemahlenem Pfeffer	würzen den Schnellkochtopf schließen nach dem Erscheinen des 2. Ringes die Hitzezufuhr verringern und die Suppe 4 Minuten garen (Bitte beachten Sie die Angaben des Herstellers) den Topf nach Vorschrift (Seite 123) öffnen die Suppe durch ein Sieb streichen, evtl. nochmals abschmecken, kurz vor dem Servieren
4 EL steifgeschlagene Schlagsahne	
4 TL geröstete Mandelblättchen	auf die Suppe geben.

Pro Portion: E: 4 g; F: 19 g; Kh: 7 g; kJ: 946; kcal: 226

Zwiebelsuppe

Garzeit: 2. Ring, `04:00`

500 g Zwiebeln	abziehen, halbieren, in dünne Streifen schneiden
50 g Butter	im Schnellkochtopf zerlassen, die Zwiebelscheiben darin andünsten
750 ml (¾ l) Fleischbrühe	hinzugießen, den Schnellkochtopf schließen nach dem Erscheinen des 2. Ringes die Hitzezufuhr

Suppen und Eintöpfe

125 ml (⅛ l) Weißwein	verringen und die Suppe 4 Minuten garen (Bitte beachten Sie die Angaben des Herstellers) den Topf nach Vorschrift (Seite 123) öffnen in die Suppe geben, mit
Salz weißem Pfeffer	abschmecken, die Suppe erhitzen
2 Scheiben Weißbrot	in kleine Würfel schneiden
5o g Butter	zerlassen, die Weißbrotwürfel darin goldgelb rösten, die Zwiebelsuppe in 6 Tassen füllen, die Weißbrotwürfel darauf verteilen
5o g geriebenen Parmesan	darübergeben, im vorgeheizten Grill 2–3 Minuten überbacken, sofort servieren.

Pro Portion: E: 8 g; F: 19 g; Kh: 11 g; kJ: 1159; kcal: 277

Bohnensuppe mit Mettwurst

Garzeit: 2. Ring, `12:00`

25o g weiße Bohnen 1 ½ l Wasser	abspülen, über Nacht in einweichen, Bohnen in dem Einweichwasser im offenen Schnellkochtopf zum Kochen bringen, evtl. abschäumen
5oo g Kartoffeln 1 Bund Suppengrün	waschen, schälen, abspülen putzen, waschen Kartoffeln und Suppengrün in kleine Würfel schneiden
5oo g dicke, geräucherte Rippe	etwas zerkleinern, waschen, zu den Bohnen geben, mit
Salz frisch gemahlenem Pfeffer	würzen, den Schnellkochtopf schließen nach dem Erscheinen des 2. Ringes die Hitzezufuhr verringern und die Suppe 12 Minuten garen (Bitte beachten Sie die Angaben des Herstellers) den Topf nach Vorschrift (Seite 123) öffnen

(Fortsetzung Seite 12)

Suppen und Eintöpfe

	die Suppe mit Salz und Pfeffer abschmecken das Fleisch herausnehmen, von den Knochen lösen, in Stücke schneiden und wieder in die Suppe geben, mit
2 EL gehackter Petersilie	bestreuen.

Pro Portion: E: 35 g; F: 25 g; Kh: 30 g; kJ: 2147; kcal: 512

Bunte Gemüsesuppe

Garzeit: 2. Ring, **04:00**

250 g vorbereiteten Blumenkohl	in Röschen teilen
2 mittelgroße Möhren	putzen, schälen, mit einem Buntschneidemesser in Scheiben schneiden, von
125 g grünen Bohnen	die Enden abschneiden, evtl. abfädeln, waschen, in Stücke brechen oder schneiden
1 Stange (125 g) Porree (Lauch)	putzen, in 1–2 cm große Stücke schneiden, waschen
1 Stück (125 g) Knollensellerie	putzen, schälen, waschen, kleinschneiden
40 g Butter oder Margarine	im Schnellkochtopf zerlassen, das kleingeschnittene Gemüse und
100 g junge, ausgepalte Erbsen	darin andünsten
750 ml (¾ l) heiße Gemüsebrühe Salz, Pfeffer	hinzugießen, mit würzen, den Schnellkochtopf schließen nach dem Erscheinen des 2. Ringes die Hitzezufuhr verringern und die Suppe 4 Minuten garen (Bitte beachten Sie die Angaben des Herstellers) den Topf nach Vorschrift (Seite 123) öffnen die Suppe mit
2 EL gehackten Kräuter (z. B. Kerbel, Petersilie)	bestreuen.

Pro Portion: E: 5 g; F: 10 g; Kh: 11 g; kJ: 678; kcal: 160

Suppen und Eintöpfe

Brokkoli-Creme-Suppe

Garzeit: 2. Ring, **05:00**

500 g Brokkoli

750 ml (¾ l) Gemüsebrühe

1 Becher (150 g) Crème fraîche

2 EL gemischte, gehackte Kräuter
Salz
frisch gemahlenem Pfeffer
geriebener Muskatnuß
abgezogene, gehobelte Mandeln

Von
die Blätter entfernen, Brokkoli putzen, waschen, in Röschen teilen, mit
in den Schnellkochtopf geben, den Schnellkochtopf schließen, nach dem Erscheinen des 2. Ringes die Hitzezufuhr verringern und die Suppe 5 Minuten garen
(Bitte beachten Sie die Angaben des Herstellers)
den Topf nach Vorschrift (Seite 123) öffnen
den Brokkoli mit der Flüssigkeit mit einem Pürierstab pürieren, von

4 Teelöffel abnehmen, beiseite stellen, die restliche Crème fraîche in die Suppe geben, verrühren und erhitzen

unter die Suppe ziehen, mit

abschmecken

in einer Pfanne ohne Fett rösten
die Suppe in Suppenteller geben, auf jede Portion 1 Teelöffel der zurückgelassenen Crème fraîche geben, mit den gerösten Mandeln bestreuen.

Pro Portion: E: 5 g; F: 16 g; Kh: 5 g; kJ: 796; kcal: 190

TIP *Zu der Brokkoli-Creme-Suppe Weißbrot und einen trockenen Weißwein servieren.*

Suppen und Eintöpfe

Französischer Suppentopf

Garzeit: 2. Ring, **30:00**

½ Suppenhuhn (etwa 5oo g)
5oo g Rindfleisch
2 Markknochen

Salz
1 ½ l Wasser

2 Zwiebeln
1 Stange Porree (Lauch)

25o g Weißkohl

2 Möhren
1 Petersilienwurzel

2 Lorbeerblätter
4 Gewürznelken
5 Pfefferkörner

unter fließendem kaltem Wasser abspülen, trockentupfen
das Rindfleisch und die Markknochen in den Schnellkochtopf geben
darüberstreuen, mit
aufgießen, den Schnellkochtopf schließen, nach dem Erscheinen des 2. Ringes die Hitzezufuhr verringern, das Fleisch 15 Minuten garen
(Bitte beachten Sie die Angaben des Herstellers)
den Topf nach Vorschrift (Seite 123) öffnen
abziehen, in Streifen schneiden
putzen, waschen, in etwa 1 cm breite Ringe schneiden
putzen, vierteln, Strunk herausschneiden
Blätter waschen und in etwa 2 cm breite Streifen schneiden

putzen, schälen, waschen, in zentimeterbreite Stücke schneiden
die vorbereiteten Gemüse, das Suppenhuhn,

hinzugeben, den Schnellkochtopf schließen
nach dem Erscheinen des 2. Ringes die Hitzezufuhr verringern und den Suppentopf weitere 15 Minuten garen
Schnellkochtopf nach Vorschrift (Seite 123) öffnen, das Rindfleisch herausnehmen und in mundgerechte Würfel schneiden
das Supenhuhn nach Belieben entbeinen, das Fleisch in kleine Stücke schneiden
Markknochen und Lorbeerblätter entfernen
den Suppentopf kräftig mit Salz und Pfeffer abschmecken und in einer großen Servierschüssel servieren.

Pro Portion: E: 55 g; F: 23 g; Kh: 8 g; kJ: 2o85; kcal: 497

Suppen und Eintöpfe

Chinakohleintopf

(Foto)

Garzeit: 1. Ring, **10:00**

1 Staude Chinakohl (750 g)	putzen, den Kopf halbieren, den Strunk herausschneiden, Kohl in Streifen schneiden, waschen
2–3 Zwiebeln	abziehen, fein würfeln
250 g enthäutete Tomaten	in Stücke schneiden
250 g Kartoffeln	schälen, waschen, in Würfel schneiden
40 g Butter	zerlassen, Zwiebelwürfel darin goldgelb dünsten
375 g Gehacktes (halb Rind-, halb Schweinefleisch)	hinzufügen, kurze Zeit miterhitzen, mit
Salz, Pfeffer	würzen, Chinakohlstreifen, Tomatenstücke, Kartoffelwürfel,
250 ml (¼ l) Gemüsebrühe	dazugeben, den Schnellkochtopf schließen nach dem Erscheinen des 1. Ringes die Hitzezufuhr verringern und die Suppe 10 Minuten garen (Bitte beachten Sie die Angaben des Herstellers) den Topf nach Vorschrift (Seite 123) öffnen die Suppe mit Salz, Pfeffer,
2 EL Tomatenketchup	abschmecken.

Pro Portion: E: 22 g; F: 32 g; Kh: 16 g; kJ: 1941; kcal: 464

Spanischer Hühnertopf

Garzeit: 2. Ring, **10:00**

1 Hähnchen (1,2 kg)	unter fließendem kaltem Wasser abspülen, trockentupfen, in etwa 10 Stücke schneiden
4 EL Olivenöl	im Schnellkochtopf erhitzen und Hähnchenteile von allen Seiten gut darin anbraten
2 rote, geputzte Paprikaschoten	abspülen, in breite Streifen schneiden, zu dem Fleisch geben und kurze Zeit mitschmoren lassen mit
150 g Reis	
300 g TK-Erbsen	
200 g Champignonstücken (aus der Dose, mit Flüssigkeit)	hinzufügen

(Fortsetzung Seite 18)

Suppen und Eintöpfe

4 EL Tomatenmark	unterrühren
1 ½ l Fleischbrühe	hinzugießen, mit
Salz, Pfeffer	
gerebeltem Basilikum	
getrocknetem Rosmarin	würzen, den Schnellkochtopf schließen nach dem Erscheinen des 2. Ringes die Hitzezufuhr verringern und den Hühnertopf 10 Minuten garen (Bitte beachten Sie die Angaben des Herstellers) den Topf nach Vorschrift (Seite 123) öffnen, das Gericht mit den Gewürzen abschmecken.

Pro Portion: E: 78 g; F: 50 g; Kh: 46 g; kJ: 4031; kcal: 963

Irish Stew

Garzeit: 2. Ring, **15:00**

500 g Hammelfleisch	unter fließendem kaltem Wasser abspülen, trockentupfen, in kleine Würfel schneiden
2 EL Speiseöl	im Schnellkochtopf erhitzen, die Fleischwürfel darin anbraten
250 g abgezogene Zwiebeln	in Streifen schneiden, kurz mitandünsten
500 ml (½ l) Fleischbrühe	hinzufügen
800 g Wirsing	putzen, vierteln, den Strunk entfernen, Wirsing in Streifen schneiden, waschen, abtropfen lassen, auf die Zwiebelstreifen geben, mit
Salz, Pfeffer	
gerebeltem Thymian	bestreuen
400 g Kartoffeln	waschen, schälen, abspülen, in Würfel schneiden, auf den Wirsing geben, wieder mit Salz und Pfeffer bestreuen, den Schnellkochtopf schließen, nach dem Erscheinen des 2. Ringes die Hitzezufuhr verringern und den Eintopf 15 Minuten garen (Bitte beachten Sie die Angaben des Herstellers) den Topf nach Vorschrift (Seite 123) öffnen
1 Fleischtomate	waschen, den Stengelansatz entfernen, Tomate in Stücke schneiden, unter den Eintopf rühren, mit
1 EL gehackten Kräutern	bestreuen.

Pro Portion: E: 32 g; F: 39 g; Kh: 26 g; kJ: 2573; kcal: 614

Suppen und Eintöpfe

Altdeutsche Kartoffelsuppe

(Für 6 Personen)

Garzeit: 2. Ring, `05:00`

700 g mehligkochende Kartoffeln	waschen, schälen, abspülen
3 Möhren	putzen, schälen, waschen
150 g Knollensellerie	schälen, waschen
	die Zutaten in kleine Würfel schneiden
1 Stange Porree (Lauch)	putzen, halbieren, waschen, in Ringe schneiden
50 g Butter	im Schnellkochtopf zerlassen, Möhren-, Selleriewürfel und Porreeringe darin kurz andünsten, Kartoffelwürfel und
1½ l Fleischbrühe	dazugeben
1 Zwiebel	abziehen, mit
1 Lorbeerblatt	
1 Nelke	spicken, die Zwiebel in die Brühe geben den Schnellkochtopf schließen nach dem Erscheinen des 2. Ringes die Hitzezufuhr verringern und die Suppe 5 Minuten garen (Bitte beachten Sie die Angaben des Herstellers) den Topf nach Vorschrift (Seite 123) öffnen die gespickte Zwiebel entfernen etwa ⅓ der Kartoffelwürfel aus der Suppe schöpfen, pürieren, mit
125 ml (⅛ l) Schlagsahne oder Crème fraîche	verrühren, wieder in die Suppe geben die Suppe erhitzen, mit
Salz frisch gemahlenem weißem Pfeffer gerebeltem Majoran geriebener Muskatnuß	
150 g Egerlinge oder Steinpilze	putzen, mit Küchenpapier abreiben, evtl. abspülen, in Stücke schneiden
50 g Butter	zerlassen, die Pilze hinzufügen, etwa 5 Minuten dünsten lassen, in die Kartoffelsuppe geben
½ Bund Schnittlauch	abspülen, trockentupfen, fein schneiden, hinzugeben.

Pro Portion: E: 11 g; F: 27 g; Kh: 25 g; kJ: 1673; kcal: 400

Suppen und Eintöpfe

Erbsentopf

Garzeit: 2. Ring, **12:00**

375 g geschälte, grüne Erbsen	waschen, 12 Stunden in
1½ l Wasser	einweichen
2 Stangen Porree (Lauch)	putzen, halbieren, waschen, in Streifen schneiden
100 g Knollensellerie	putzen, schälen, waschen, in Würfel schneiden
30 g Butter	im Schnellkochtopf erhitzen, das Gemüse darin andünsten, die Erbsen mit dem Einweichwasser dazugeben, kurz aufkochen lassen, abschäumen
250 g geräucherte Mettwurst	hinzufügen, den Schnellkochtopf schließen nach dem Erscheinen des 2. Ringes, die Hitzezufuhr verringern, den Erbsentopf 12 Minuten garen (Bitte beachten Sie die Angaben des Herstellers) den Topf nach Vorschrift (Seite 123) öffnen den Erbsentopf mit
Salz, Pfeffer etwas Suppenwürze	abschmecken
2 Zwiebeln	abziehen, in Ringe schneiden
30 g Butter	zerlassen, die Zwiebelringe darin bräunen, in den Erbsentopf geben.

Pro Portion: E: 35 g; F: 24 g; Kh: 17 g; kJ: 1873; kcal: 447

Bologneser Reistopf

Garzeit: 2. Ring, **18:00**

2 EL Speiseöl	im Schnellkochtopf erhitzen und
375 g Gehacktes (halb Rind-, halb Schweinefleisch)	darin anbraten, dabei die Fleischklümpchen mit einer Gabel zerdrücken
4–5 Zwiebeln	abziehen, würfeln und zu dem Gehackten geben, durchdünsten lassen, mit
Salz, Pfeffer Paprika edelsüß gerebeltem Basilikum gerebeltem Oregano	würzen
250 g Langkornreis	mit

Suppen und Eintöpfe

750 ml (¾ l) Fleischbrühe	hinzufügen, den Schnellkochtopf schließen
70 g Tomatenmark	nach dem Erscheinen des 2. Ringes die Hitzezufuhr verringern und den Reistopf 18 Minuten garen (Bitte beachten Sie die Angaben des Herstellers) den Topf nach Vorschrift (Seite 123) öffnen
300 g gedünstete Erbsen	hinzufügen, erhitzen, den Reistopf mit Salz, Pfeffer, Paprika abschmecken.

Pro Portion: E: 31 g; F: 34 g; Kh: 60 g; kJ: 2873; kcal: 686

Linseneintopf mit Rauchenden

Garzeit: 2. Ring, 08:00

250 g Linsen	abpülen, in
1½ l Wasser	etwa 12 Stunden einweichen, Linsen mit dem Einweichwasser im Schnellkochtopf zum Kochen bringen, evtl. abschäumen
500 g Kartoffeln	waschen, schälen, abspülen
1 Bund Suppengrün	putzen, waschen Kartoffeln und Suppengrün in kleine Würfel schneiden und in den Schnellkochtopf geben, mit
Salz, Pfeffer	würzen
4 Rauchenden	hinzufügen, den Schnellkochtof schließen nach dem Erscheinen des 2. Ringes die Hitzezufuhr verringern und den Eintopf 8 Minuten garen (Bitte beachten Sie die Angaben des Herstellers) den Topf nach Vorschrift (Seite 123) öffnen, die Rauchenden herausnehmen, in Scheiben schneiden, wieder in den Eintopf geben, mit Salz, Pfeffer,
gerebeltem Thymian 2 EL Essig	abschmecken
1 EL Schnittlauchröllchen	über den Eintopf geben.

Pro Portion: E: 52 g; F: 22 g; Kh: 32 g; kJ: 2422; kcal: 578

Suppen und Eintöpfe

Gulaschsuppe

Garzeit: 2. Ring, **12:00**

300 g Zwiebeln	abziehen, in Scheiben schneiden
1 rote und 1 grüne Paprikaschote (etwa 400 g)	halbieren, entstielen, entkernen, die weißen Scheidewände entfernen, die Schoten waschen, in feine Streifen schneiden
250 g Rindfleisch	unter fließendem kaltem Wasser abspülen, trockentupfen, in kleine Würfel schneiden
60 g Butter	im Schnellkochtopf zerlassen, die Zwiebeln darin hellgelb dünsten
3 schwach geh. EL Tomatenmark 1 l Fleischbrühe	hinzufügen, Fleischwürfel, Paprikastreifen und hinzufügen, mit
Salz frisch gemahlenem Pfeffer Paprika edelsüß	würzen, gut umrühren, den Schnellkochtopf schließen, nach dem Erscheinen des 2. Ringes die Hitzezufuhr verringern und die Suppe 12 Minuten garen (Bitte beachten Sie die Angaben des Herstellers) den Topf nach Vorschrift (Seite 123) öffnen die Suppe mit Salz, Pfeffer und
1-2 Spritzer Tabasco	abschmecken.

Pro Portion: E: 23 g; F: 26 g; Kh: 10 g; kJ: 1614; kcal: 386

TIP Sie können auch die doppelte Menge Gulaschsuppe kochen und dann portionsweise einfrieren. Die Suppe mit Baguette servieren.

Suppen und Eintöpfe

Karibischer Rindfleischtopf

Garzeit: 1. Ring, 30:00

500 g Rindfleisch	unter fließendem kaltem Wasser abspülen, trockentupfen
1 abgezogene Zwiebel	mit
2 Gewürznelken	
2 Lorbeerblättern	spicken, mit
Salz	
750 ml (¾ l) Wasser	in den Schnellkochtopf geben, den Schnellkochtopf schließen
	nach dem Erscheinen des 1. Ringes, die Hitzezufuhr verringern, das Fleisch 30 Minuten garen (Bitte beachten Sie die Angaben des Herstellers) in der Zwischenzeit
4 Knoblauchzehen	
2 große Zwiebeln	beide Zutaten abziehen, fein würfeln
2 rote Paprikaschoten	
2 grüne Paprikaschoten	halbieren, entstielen, die weißen Scheidewände entfernen, entkernen, Paprikaschoten waschen und in Würfel schneiden
1 rote Chilischote	waschen, längs halbieren, entkernen und fein würfeln
1 große Möhre	putzen, schälen, waschen, fein würfeln
	den Topf nach Vorschrift (Seite 123) öffnen das Fleisch herausnehmen, etwa 5 Minuten ruhen lassen, die Fleischbrühe durch ein Sieb passieren und 250 ml (¼ l) beiseite stellen das Rindfleisch in kleine Würfel schneiden
4 EL Speiseöl	im Topf erhitzen nach und nach die vorbereiteten Gemüse unter Rühren andünsten Fleischwürfel und zuletzt
1 Dose (800 g) geschälte Tomaten mit Saft	einrühren, die Fleischbrühe hinzugießen, mit
½ TL gemahlenem Zimt	
¼ TL gemahlenen Gewürznelken	
1 Prise Cayennepfeffer	abschmecken
2 EL eingelegte Kapern	unterrühren, weitere 5 Minuten ziehen lassen.

Pro Portion: E: 29 g; F: 27 g; Kh: 12 g; kJ: 1837; kcal: 438

Suppen und Eintöpfe

Graupeneintopf

Garzeit: 2. Ring, **35:00**

500 g Rindfleisch (Hüfte)	unter fließendem kaltem Wasser abspülen, mit
1 ½ l Salzwasser	in den Schnellkochtopf geben
1 Zwiebel	abziehen, mit
1 Lorbeerblatt	spicken, zu dem Fleisch geben
6 Pfefferkörner	
2 Nelken	hinzufügen
	den Schnellkochtopf schließen
	nach dem Erscheinen des 2. Ringes die Hitzezufuhr verringern und das Fleisch 25 Minuten garen (Bitte beachten Sie die Angaben des Herstellers) den Topf nach Vorschrift (Seite 123) öffnen das Fleisch herausnehmen, in kleine Würfel schneiden, die Brühe durch ein Sieb geben, 1 Liter davon abmessen und zurück in den Schnellkochtopf geben
100 g Perlgraupen	mit heißem Wasser übergießen, abtropfen lassen, Perlgraupen in die Flüssigkeit geben
300 g Kartoffeln	
300 g Kohlrabi	
300 g Möhren	putzen, schälen, waschen und in Würfel schneiden, zu den Perlgraupen geben
1 Stange Porree (Lauch)	putzen, halbieren, waschen, in Streifen schneiden, Porree mit
1 Stengel Liebstöckel	hinzufügen, mit
Salz	
frisch gemahlenem Pfeffer	würzen, den Schnellkochtopf schließen nach dem Erscheinen des 2. Ringes die Hitzezufuhr verringern und den Eintopf 10 Minuten garen den Topf nach Vorschrift (Seite 123) öffnen Fleischwürfel und
125 ml (⅛ l) Schlagsahne	hinzufügen, erhitzen den Eintopf mit Salz und Pfeffer abschmecken, mit
2 EL gemischten, gehackten Kräutern	bestreuen.

Pro Portion: E: 33 g; F: 25 g; Kh: 39 g; kJ: 2280; kcal: 544

Suppen und Eintöpfe

Ungarische Sauerkrautsuppe

Garzeit: 2. Ring, `05:00`

75 g durchwachsenen Speck 3 EL Speiseöl	in Würfel schneiden im Schnellkochtopf erhitzen, die Speckwürfel darin ausbraten
2 Zwiebeln 2 Knoblauchzehen	abziehen, würfeln, zu dem Speckfett geben, darin andünsten
500 g Sauerkraut 750 ml (¾ l) Fleischbrühe ½ TL Kümmelsamen 1 Lorbeerblatt 4 Mettwürstchen	lockerzupfen, mit hinzugeben, den Schnellkochtopf schließen nach dem Erscheinen des 2. Ringes die Hitzezufuhr verringern und die Suppe 5 Minuten garen (Bitte beachten Sie die Angaben des Herstellers) den Topf nach Vorschrift (Seite 123) öffnen
400 g weiße Bohnen (aus der Dose) 2 EL Tomatenmark ½ EL Paprika edelsüß Salz frisch gemahlenem Pfeffer	mit und hinzufügen, mit würzen, im offenen Schnellkochtopf einmal aufkochen lassen die Würstchen in Scheiben schneiden, in die Suppe geben, servieren.

Pro Portion: E: 37 g; F: 69 g; Kh: 19 g; kJ: 3718; kcal: 887

TIP *Sie können auch eine küchenfertige rote Paprikaschote in Würfel schneiden und mitgaren.*

Nicht allein die gußeiserne oder superbeschichtete Pfanne macht das beste Steak. Ein Braten braucht auch nicht mehr unbedingt einen schweren Bräter. Fleisch wird im Schnellkochtopf genauso saftig und zart. Vorausgesetzt man achtet darauf, daß das Fleisch zunächst in sehr heißem Fett rasch angebraten wird. Hochwertiges Speiseöl bringt den gewünschten Erfolg: Das Fleisch schließt die Poren, wird außen kroß und innen zart. So garen Sie die besten Stücke vom Rind, Schwein, Kalb oder Lamm appetitanrengend im eigenen Saft.

Fleisch

Fleisch

Lammbraten

(Foto Seite 3o/31)

Garzeit: 2. Ring, **30:00**

2 abgezogene, zerdrückte Knoblauchzehen 1 TL Salz	mit vermengen
1 kg Lammfleisch (aus der Keule)	unter fließendem kaltem Wasser abspülen, trockentupfen
3 EL Olivenöl	im Schnellkochtopf erhitzen, das Fleisch von allen Seiten gut darin anbraten, mit dem vermischten Knoblauchsalz bestreichen
1 Zwiebel	abziehen, grob zerkleinern
1 Möhre	putzen, schälen, waschen, in Streifen schneiden
½ Stange Porree (Lauch)	putzen, halbieren, waschen, in Streifen schneiden das Gemüse mit der Zwiebel zu dem Fleisch geben, andünsten
125 ml (⅛ l) Fleischbrühe 125 ml (⅛ l) Rotwein getrockneten Oregano	hinzufügen, den Schnellkochtopf schließen, nach dem Erscheinen des 2. Ringes die Hitzezufuhr verringern und den Lammbraten 3o Minuten garen (Bitte beachten Sie die Angaben des Herstellers) den Topf nach Vorschrift (Seite 123) öffnen, das Fleisch etwa 1o Minuten ruhen lassen, dann von dem Knochen lösen, das Fleisch in Scheiben schneiden, auf einer vorgewärmten Platte anrichten, warm stellen, nach Belieben
1 EL Weizenmehl 2 EL kaltem Wasser	mit anrühren, unter die Flüssigkeit rühren, zum Kochen bringen, 2–3 Minuten kochen lassen die Sauce durch ein Sieb streichen, mit
Salz frisch gemahlenem Pfeffer gerebeltem Oregano	abschmecken.

Pro Portion: E: 43 g; F: 67 g; Kh: 4 g; kJ: 365o; kcal: 872

Beigabe	Salzkartoffeln und grüne Bohnen.

Fleisch

Geschmorter Grünkohl mit Kasseler

Garzeit: 2. Ring, `12:00`

1½ kg Grünkohl	putzen, welke Blätter und dicke Blattrippen entfernen, gründlich waschen, in kochendes Salzwasser geben, zum Kochen bringen 1–2 Minuten kochen lassen, abtropfen lassen, grob hacken
40 g Schweineschmalz	im Schnellkochtopf zerlassen
2 Zwiebeln	abziehen, würfeln, hinzufügen
	Grünkohl mit
20 g Haferflocken	hinzufügen
375 ml (⅜ l) Wasser	hinzugießen, mit
Salz	
frisch gemahlenem Pfeffer	würzen
500 g Kasseler	unter fließendem kaltem Wasser abspülen trockentupfen, mit
2 Rauchenden	auf den Grünkohl legen den Schnellkochtopf schließen, nach dem Erscheinen des 2. Ringes die Hitzezufuhr verringern und den Grünkohl 12 Minuten garen (Bitte beachten Sie die Angaben des Herstellers), den Topf nach Vorschrift (Seite 123) öffnen Fleisch und Wurst in Scheiben schneiden, den Grünkohl mit Salz, Pfeffer abschmecken.

Pro Portion: E: 47 g; F: 33 g; Kh: 9 g; kJ: 2346; kcal: 558

TIP

Grünkohl mit Kasseler läßt sich gut vorbereiten und dann wieder aufwärmen. Sie können das Gericht auch portionsweise einfrieren.

Fleisch

Buntes Reisfleisch

Garzeit: 2. Ring, **16:00**

500 g Schweinefleisch (Nacken ohne Knochen)	unter fließendem kaltem Wasser abspülen, trockentupfen, in kleine Würfel schneiden
3 EL Olivenöl	im Schnellkochtopf erhitzen, die Fleischwürfel darin anbraten, mit
Salz frisch gemahlenem Pfeffer	würzen
125 ml (1/8 l) Fleischbrühe	angießen den Schnellkochtopf schließen, nach dem Erscheinen des 2. Ringes die Hitzezufuhr verringern und das Fleisch 8 Minuten garen (Bitte beachten Sie die Angaben des Herstellers) den Topf nach Vorschrift (Seite 123) öffnen
1 rote Paprikaschote 1 grüne Paprikaschote	halbieren, entstielen, entkernen, die weißen Scheidewände entfernen, die Schoten waschen, in Stücke schneiden
6 Zwiebeln (250 g)	abziehen, vierteln Zwiebelviertel und Paprikastücke hinzufügen, mitdünsten, mit Salz, Pfeffer,
2 EL Tomatenmark einigen Spritzern Tabasco Paprika edelsüß Cayennepfeffer	würzen
250 g Langkornreis 500 ml (1/2 l) Gemüsebrühe	hinzufügen den Schnellkochtopf schließen, nach dem Erscheinen des 2. Ringes die Hitzezufuhr verringern und das Reisfleisch 8 Minuten garen den Topf nach Vorschrift (Seite 123) öffnen
4 enthäutete Tomaten	entkernen, Tomaten in Stücke schneiden und unter das Reisfleisch heben, mit Salz und Pfeffer abschmecken.

Pro Portion: E: 33 g; F: 22 g; Kh: 58 g; kJ: 2444; kcal: 583

Fleisch

Schwarzwälder Sauerfleisch mit Knöpfle

Garzeit: 2. Ring, `25:00`

750 g Rindfleisch (Hüfte)	Für das Sauerfleisch unter fließendem kaltem Wasser abspülen, trockentupfen, in große Würfel schneiden, in eine Schüssel legen
250 ml (¼ l) Rotweinessig 125 ml (⅛ l) Rotwein 250 ml (¼ l) Wasser 1 abgezogene Zwiebel 1 Lorbeerblatt 2 Pfefferkörner 2 Nelken	hinzufügen, das Fleisch 2 Tage durchziehen lassen Fleisch aus der Beize nehmen, trockentupfen
50 g Pflanzenfett 1 abgezogene Zwiebel Salz, Pfeffer, Zucker 2 EL Weizenmehl	im Schnellkochtopf erhitzen, Fleisch darin anbraten zerkleinern, hinzufügen, mit würzen, mit bestäuben, kurz durchdünsten
250 ml (¼ l) Beizflüssigkeit 125 ml (⅛ l) Rotwein 125 ml (⅛ l) Wasser	hinzufügen, den Schnellkochtopf schließen, nach Erscheinen des 2. Ringes die Hitzezufuhr verringern und das Fleisch 25 Minuten garen (Bitte beachten Sie die Angaben des Herstellers), den Topf nach Vorschrift (Seite 123) öffnen.
100 g Weizenmehl 1 Ei Salz 70 ml Wasser	Für die Knöpfle in eine Schüssel sieben mit verschlagen, etwas davon in die Mitte des Mehls geben, von der Mitte aus nach und nach mit dem gesamten Mehl verrühren, dabei darauf achten, daß keine Klümpchen entstehen den Teig durch ein grohblöchriges Sieb geben oder portionsweise auf ein nasses Holzbrett streichen und mit einem Messer in schmalen Streifen in
kochendes Salzwasser	schaben, etwa 5 Minuten ziehen lassen, mit einem Schaumlöffel herausnehmen, warm stellen das Sauerfleisch mit Salz und Pfeffer abschmecken, die Knöpfle hineingeben.

Pro Portion: E: 45 g; F: 34 g; Kh: 25 g; kJ: 2802; kcal: 669

Fleisch

Rinderrouladen

Garzeit: 2. Ring, `15:00`

4 Scheiben Rindfleisch (à 180 g)	unter fließendem kaltem Wasser abspülen, trockentupfen, mit
4 TL mittelscharfem Senf	bestreichen, mit
Salz, Pfeffer	bestreuen
60 g durchwachsenen Speck	
1 Gewürzgurke	beide Zutaten in Streifen schneiden, auf die Fleischscheiben verteilen, von der schmalen Seite her aufrollen, mit Rouladennadeln feststecken
3 EL Speiseöl	im Schnellkochtopf erhitzen, die Rouladen rundherum anbraten
2 Zwiebeln	abziehen, vierteln
2 Tomaten	abspülen, Stengelansatz entfernen, Tomaten vierteln, beides zu dem Fleisch geben, kurz mitandünsten, mit
250 ml (¼ l) heißem Wasser	ablöschen, den Schnellkochtopf schließen, nach Erscheinen des 2. Ringes die Hitzezufuhr verringern und das Fleisch 15 Minuten garen (Bitte beachten Sie die Angaben des Herstellers), den Topf nach Vorschrift (Seite 123) öffnen die Rouladen herausnehmen, warm stellen
2 TL Weizenmehl	mit
75 ml Rotwein	verrühren, die Sauce damit binden, mit den Gewürzen abschmecken.

Pro Portion: E: 41 g; F: 16 g; Kh: 0,5 g; kJ: 1356; kcal: 323

Geschmorte Lammkeule *provençale*

Garzeit: 2. Ring, `25:00`

1 Lammkeule, ausgelöst (etwa 600 g) ohne Knochen	unter fließendem kaltem Wasser abspülen, trockentupfen, mit
Kräutern der Provençe	würzen, mit Küchengarn zusammenbinden
3 EL Olivenöl	im Schnellkochtopf erhitzen, die Lammkeule darin von allen Seiten anbraten

(Fortsetzung Seite 38)

Fleisch

2 Knoblauchzehen	abziehen, durch die Knoblauchpresse drücken, den Knoblauch zu der Lammkeule geben, mit
250 ml (¼ l) Fleischbrühe 125 ml (⅛ l) Rotwein	ablöschen, den Schnellkochtopf schließen, nach Erscheinen des 2. Ringes die Hitzezufuhr verringern und das Fleisch 25 Minuten garen (Bitte beachten Sie die Angaben des Herstellers), den Topf nach Vorschrift (Seite 123) öffnen
200 g abgezogene Tomaten	würfeln
150 g Champignons (Dose)	in Scheiben schneiden
1 EL Senf, 1 EL Kapern Salz, Pfeffer	hinzufügen, alles erhitzen, die Sauce mit abschmecken, das Fleisch herausnehmen, etwa 10 Minuten ruhen lassen, in Scheiben schneiden.

Pro Portion: E: 32 g; F: 31 g; Kh: 4 g; kJ: 1964 ; kcal: 469

Gulasch

Garzeit: 2. Ring, `20:00`

600 g mageres Rindfleisch (ohne Knochen)	unter fließendem kaltem Wasser abspülen, trockentupfen, in Würfel schneiden
3 EL Speiseöl	im Schnellkochtopf erhitzen, das Fleisch in Portionen von allen Seiten gut darin anbraten
500 g Zwiebeln	abziehen, halbieren, in Scheiben schneiden, mitbräunen lassen, das Fleisch mit
Salz, Pfeffer, Paprika	würzen
2 schwach gehäufte EL Tomatenmark	hinzufügen
250 ml (¼ l) heißes Wasser 125 ml (⅛ l) Rotwein	hinzugießen, den Schnellkochtopf schließen, nach dem Erscheinen des 2. Ringes die Hitzezufuhr verringern und das Gulasch 20 Minuten garen (Bitte beachten Sie die Angaben des Herstellers), den Topf nach Vorschrift (Seite 123) öffnen, Gulasch mit Salz, Pfeffer,
1–2 Spritzer Tabasco etwas Weizenmehl	abschmecken, nach Belieben mit binden.

Pro Portion: E: 33 g; F: 26 g; Kh: 10 g; kJ: 1909; kcal: 455

Fleisch

Rinderbraten mit Apfelweinsauce

Garzeit: 2. Ring, 45:00

100 g geräucherten Speck (in Scheiben geschnitten)	im Schnellkochtopf nebeneinander legen
2 Zwiebeln	abziehen, in Streifen schneiden, auf dem Speck verteilen
6 Gewürznelken ½ TL gerebelten Thymian ½ TL gerebeltes Rosmarin	darüberstreuen und erhitzen
1 kg Rindfleisch	unter fließendem kaltem Wasser abspülen, trockentupfen, mit
Salz frisch gemahlenem Pfeffer	würzen, in den Topf geben, nach einigen Minuten mit
500 ml (½ l) Apfelwein 4 EL Essig 125 ml (⅛ l) Wasser	aufgießen den Schnellkochtopf schließen, nach dem Erscheinen des 2. Ringes die Hitzezufuhr verringern und den Braten 45 Minuten garen (Bitte beachten Sie die Angaben des Herstellers), den Topf nach Vorschrift (Seite 123) öffnen das Fleischstück herausnehmen, den Fleischsud durch ein Sieb geben
2 EL Butter	im Schnellkochtopf zerlassen
2 EL Weizenmehl 1 TL Zucker	hinzufügen, unter Rühren etwas bräunen lassen, Fleischsud hinzufügen, etwa 5 Minuten kochen lassen
100 g kernlose, geschälte Weintrauben	halbieren, die Sauce damit verfeinern, evtl. mit Salz und Pfeffer nachwürzen den Rinderbraten aufschneiden, dabei den ausgetretenen Fleischsaft in die Sauce rühren.

Pro Portion: E: 57 g; F: 42 g; Kh: 16 g; kJ: 3222; kcal: 770

Fleisch

Rinderschmorbraten à la Italia

Garzeit: 2. Ring, **40:00**

800 g Rindfleisch (aus der Keule, ohne Knochen)	unter fließendem kaltem Wasser abspülen, trockentupfen
1 Bund Suppengrün	putzen, abspülen, grob zerkleinern
2 mittelgroße Tomaten	waschen, Stengelansätze entfernen, Tomaten in Stücke schneiden
2 Zwiebeln	abziehen, in Stücke schneiden
30 g Pflanzenfett	im Schnellkochtopf erhitzen, das Fleisch rundherum anbraten, mit
Salz frisch gemahlenem Pfeffer	würzen, das Gemüse hinzufügen, mitandünsten, mit
375 ml (3/8 l) Rotwein	aufgießen den Schnellkochtopf schließen, nach dem Erscheinen des 2. Ringes die Hitzezufuhr verringern und das Fleisch 40 Minuten garen (Bitte beachten Sie die Angaben des Herstellers) den Topf nach Vorschrift (Seite 123) öffnen Fleisch herausnehmen, etwa 10 Minuten ruhen lassen, Flüssigkeit mit dem Gemüse durch ein Sieb streichen, zum Kochen bringen, etwas einkochen lassen
60 g kalte Butter	mit dem Pürierstab unterarbeiten die Sauce mit Salz und Pfeffer abschmecken das Fleisch in Scheiben schneiden, mit der Sauce anrichten.

Pro Portion: E: 43 g; F: 41 g; Kh: 4 g; kJ: 2738; kcal: 654

Spaghetti in Salzwasser nach Packungsaufschrift garen. Je 250 g Möhren und Zucchini in dünne Streifen schneiden, in 50 g Butter dünsten, mit den Spaghetti mischen, zu dem Rinderschmorbraten servieren.

Fleisch

Sauerbraten *auf westfälische Art*

Garzeit: 2. Ring, **30:00**

1 kg Rindfleisch (aus der Keule, ohne Knochen)	unter fließendem kaltem Wasser abspülen, trockentupfen, mit
frisch gemahlenem Pfeffer gemahlener Gewürznelke	einreiben, in eine Schüssel geben.
	Für die Marinade
2 mittelgroße Zwiebeln	abziehen, kleinschneiden
1 Bund Suppengrün	putzen, waschen, kleinschneiden beide Zutaten mit
5 Pimentkörnern (Nelkenpfeffer) 2 Gewürznelken einigen Pfefferkörnern 2 Lorbeerblättern 1 Zweig Thymian	zu dem Fleisch geben
250 ml (¼ l) Weißwein 250 ml (¼ l) Weinessig	mit verrühren, über das Fleisch gießen (Fleisch muß bedeckt sein), zugedeckt 2–3 Tage an einem kühlen Ort stehen lassen, das Fleisch ab und zu wenden das genügend gesäuerte Fleisch trockentupfen, mit Pfeffer,
Salz	einreiben
50 g fetten Speck	in Würfel schneiden, im Schnellkochtopf auslassen, Grieben herausnehmen, das Fleisch von allen Seiten in dem verbliebenen Fett anbraten die Marinade durch ein Sieb gießen, 250 ml (¼ l) davon abmessen Gemüse zu dem Fleisch geben, gut durchdünsten lassen, Marinade hinzugießen
40 g zerkrümeltes Pumpernickel 1 Stück Zitronenschale (unbehandelt) 40 g Rosinen	hinzufügen, den Schnellkochtopf schließen nach Erscheinen des 2. Ringes die Hitzezufuhr verringern, das Fleisch 30 Minuten garen lassen den Topf nach Vorschrift (Seite 123) öffnen

(Fortsetzung Seite 44)

Fleisch

1 EL Weizenmehl	(Bitte beachten Sie die Angaben des Herstellers) das Fleisch 1o Minuten ruhen lassen, in Scheiben schneiden, auf einer vorgewärmten Platte anrichten, warm stellen
2 EL kaltem Wasser	mit anrühren, die Flüssigkeit damit binden Sauce mit Salz, Pfeffer,
1 Prise Zucker	abschmecken.

Pro Portion: E: 56 g; F: 39 g; Kh: 21 g; kJ: 3146; kcal: 758

Beilage	Rotkohl oder Bohnen, Kartoffelklöße.

Kasseler mit *Sauerkraut*

Garzeit: 2. Ring, **12:00**

1 Zwiebel	abziehen, in Würfel schneiden
2 Scheiben Ananas (Dose)	in kleine Stücke schneiden
1 Kartoffel	waschen, schälen, abspülen, fein reiben
5oo g Sauerkraut	locker zupfen
25 g Schweineschmalz	im Schnellkochtopf zerlassen, die Zutaten mit
2 Nelken	
1 Lorbeerblatt	
125 ml (⅛ l) Fleischbrühe	
6 EL Ananassaft	
25o ml (¼ l) Gemüsebrühe	hinzufügen
6oo g Kasselernacken (ohne Knochen)	in 4 Scheiben schneiden, auf das Sauerkraut legen den Schnellkochtopf schließen, nach dem Erscheinen des 2. Ringes die Hitzezufuhr verringern und das Kasseler 12 Minuten garen (Bitte beachten Sie die Angaben des Herstellers) das Fleisch herausnehmen und das Sauerkraut mit
Salz frisch gemahlenem Pfeffer	abschmecken.

Pro Portion: E: 23 g; F: 23 g; Kh: 13 g; kJ: 1586; kcal: 378

Fleisch

Kalbsfrikassee

Garzeit: 2. Ring, `12:00`

800 g Kalbfleisch (ohne Knochen)	unter fließendem kaltem Wasser abspülen, trockentupfen, in Würfel schneiden
1 l Salzwasser	zum Kochen bringen, das Fleisch mit
2 abgezogenen, halbierten Zwiebeln	
1 Lorbeerblatt	
einigen Pfefferkörnern	
1 geputzten, grobgewürfelten Möhre	
3 Gewürznelken	hineingeben den Schnellkochtopf schließen, nach dem Erscheinen des 2. Ringes die Hitzezufuhr verringern und das Fleisch 12 Minuten garen (Bitte beachten Sie die Angaben des Herstellers), den Topf nach Vorschrift (Seite 123) öffnen das Fleisch mit einem Schaumlöffel herausnehmen, die Brühe durch ein Sieb gießen und 500 ml (½ l) davon abmessen
40 g Butter	im Schnellkochtopf zerlassen
3 EL Weizenmehl	unter Rühren so lange darin erhitzen, bis es hellgelb ist, die abgemessene Kalbfleischbrühe hinzugießen, mit dem Schneebesen durchschlagen, zum Kochen bringen, etwa 5 Minuten kochen lassen
200 g Spargelstücke (aus der Dose)	abtropfen lassen, mit dem Fleisch in die Sauce geben, die Sauce mit
Salz	
Zitronensaft	abschmecken
2 Eigelb	
125 ml (⅛ l) Schlagsahne	verrühren, unter die Sauce rühren (nicht mehr kochen lassen).

Pro Portion: E: 44 g; F: 34 g; Kh: 11 g; kJ: 2375 ; kcal: 568

Beilage	Reis, gemischter Salat.

Fleisch

Königsberger Klopse mit Salzkartoffeln

Garzeit: 2. Ring, **08:00**

5oo ml (½ l) Fleischbrühe	in den Schnellkochtopf gießen
5oo g Gehacktes (halb Rind-, halb Schweinefleisch)	mit
1 eingeweichten, ausgedrückten Brötchen	
1 Ei	
1 abgezogenen, gewürfelten Zwiebel	vermengen, mit
Salz	
frisch gemahlenem Pfeffer	
1 TL mittelscharfem Senf	würzen
1 EL Kapern	unterrühren
	aus der Masse mit nassen Händen 8 gleichgroße Klopse formen und in die Fleischbrühe geben, den Einsatzsteg in den Schnellkochtopf stellen.
75o g Kartoffeln	waschen, schälen, abspülen, achteln, in den gelochten Einsatz geben, den gelochten Einsatz auf den Einsatzsteg stellen, mit Salz bestreuen den Schnellkochtopf schließen, nach dem Erscheinen des 2. Ringes die Hitzezufuhr verringern Königsberger Klopse und Kartoffeln zusammen 8 Minuten garen (Bitte beachten Sie die Angaben des Herstellers) den Topf nach Vorschrift (Seite 123) öffnen Klopse und Kartoffeln in vorgewärmte Schüsseln geben, warm stellen.
	Für die Sauce die Flüssigkeit zum Kochen bringen
3 EL Weizenmehl	mit
3 EL kaltem Wasser	anrühren, in die kochende Flüssigkeit rühren, zum Kochen bringen, 2–3 Minuten kochen lassen
1 Eigelb	mit
2 EL Schlagsahne	verrühren, die Sauce damit abziehen
1 EL Kapern	hinzufügen, die Sauce mit Salz, Pfeffer,
Zitronensaft	abschmecken.

Pro Portion: E: 36 g; F: 39 g; Kh: 42 g; kJ: 2941; kcal: 7o2

Fleisch

Rollbraten mit Spinat

Garzeit: 1. Ring, `01:00`   Garzeit: 2. Ring, `25:00`

1 kg Schweinerollbraten	auseinanderrollen, evtl. einschneiden, so daß sich das Fleisch zu einer möglichst großen Fläche auseinanderlegen läßt.
	Für die Füllung
500 g Blattspinat	sorgfältig verlesen, gründlich waschen
30 g Butter	im Schnellkochtopf zerlassen, den Spinat hineingeben, den Schnellkochtopf schließen, nach dem Erscheinen des 1. Ringes die Hitzezufuhr verringern und den Spinat 1 Minute garen (Bitte beachten Sie die Angaben des Herstellers) den Topf nach Vorschrift (Seite 123) öffnen, den Spinat auf einem Sieb abtropfen lassen
100 g gekochten Schinken	in Würfel schneiden
1 Knoblauchzehe	abziehen, fein würfeln, beide Zutaten unter den Spinat heben
1 Ei	unterrühren, den Spinat mit
Salz, Pfeffer geriebener Muskatnuß	würzen, das Fleisch von beiden Seiten mit Salz, Pfeffer würzen, die Füllung darauf verteilen, das Fleisch aufrollen, mit
180 g durchwachsenen, dünnen Speckscheiben	umlegen, mit Küchengarn umwickeln
4 EL Speiseöl	im Schnellkochtopf erhitzen, den Rollbraten rundherum darin anbraten
125 ml (1/8 l) Rotwein 125 ml (1/8 l) Wasser	hinzugießen, den Schnellkochtopf schließen, nach dem Erscheinen des 2. Ringes die Hitzezufuhr verringern und den Rollbraten 25 Minuten garen (Bitte beachten Sie die Angaben des Herstellers) den Topf nach Vorschrift (Seite 123) öffnen das Fleisch aus der Bratenflüssigkeit nehmen, mit Alufolie abgedeckt 10 Minuten ruhen lassen das Küchengarn entfernen, das Fleisch in Scheiben schneiden, auf einer vorgewärmten Platte anrichten, die Flüssigkeit etwas einkochen lassen mit
½ Becher (75 g) Crème fraîche	verrühren, mit Salz, Pfeffer abschmecken, zu dem Fleisch reichen.

Pro Portion: E: 46 g; F: 85 g; Kh: 10 g; kJ: 4427; kcal: 1058

Fleisch

Schweinelendchen im Wirsingmantel

Garzeit: 2. Ring, `08:00`

6 große Wirsingblätter	abspülen, in kochendes Salzwasser geben, etwa 1 Minute kochen lassen, auf ein Sieb geben, gut abtropfen lassen, die dicken Rippen entfernen, jeweils 3 Blätter auf einem Küchentuch übereinander legen
200 g Kalbfleisch (aus der Keule)	unter fließendem kaltem Wasser abspülen, trockentupfen, durch den Fleischwolf geben, die Hälfte von
1 Becher (150 g) Crème fraîche	unterrühren, mit
Salz frisch gemahlenem Pfeffer	würzen
20 g Butter	im Schnellkochtopf zerlassen
2 Schalotten	abziehen, würfeln, in der Butter andünsten
200 g Champignons	mit Küchenpapier abreiben, evtl. abspülen, in Scheiben schneiden, darin andünsten, dann zu dem Kalbfleisch geben die Masse auf die Wirsingblätter verteilen
2 Schweinelendchen (à 300 g)	enthäuten, kurz waschen, trockentupfen, mit Salz, und Pfeffer bestreuen
4 EL Speiseöl	erhitzen, die Lendchen rundherum anbraten, herausnehmen und jeweils auf die Füllung legen, die Wirsingblätter aufrollen, mit Küchengarn festbinden
30 g Butter	in das restliche Bratenfett geben, die Wirsingrouladen darin anbraten
250 ml (¼ l) Fleischfond	angießen, den Schnellkochtopf schließen nach dem Erscheinen des 2. Ringes die Hitzezufuhr verringern und die Schweinelendchen 8 Minuten garen (Bitte beachten Sie die Angaben des Herstellers) den Topf nach Vorschrift (Seite 123) öffnen, die Schweinelendchen herausnehmen, warm stellen
1 EL Weizenmehl	mit der restlichen Crème fraîche verrühren, die Sauce damit binden, mit Salz, Pfeffer abschmecken das Küchengarn von den Schweinelendchen entfernen, aufschneiden, mit der Sauce servieren.

Pro Portion: E: 48 g; F: 40 g; Kh: 8 g; kJ: 2527; kcal: 602

Fleisch

Westfälischer Pfefferpotthast

Garzeit: 2. Ring, **15:00**

750 g Beinscheibe	unter fließendem kaltem Wasser abspülen, trockentupfen, das Mark aus dem Fleisch lösen, im Schnellkochtopf zerlassen, das Fleisch in Würfel schneiden, in dem ausgelassenen Mark anbraten
500 g Zwiebeln	abziehen, halbieren, in Streifen schneiden, hinzufügen, durchschmoren lassen, mit
Salz frisch gemahlenem weißem Pfeffer	würzen
1 Bund Suppengrün	putzen, waschen, in feine Streifen schneiden, hinzufügen, kurz andünsten
3 Gewürznelken 2 Lorbeerblätter 10 Pfefferkörner 1 l Fleischbrühe	hinzufügen, mit auffüllen, den Schnellkochtopf schließen, nach dem Erscheinen des 2. Ringes die Hitzezufuhr verringern Pfefferpotthast 15 Minuten garen lassen (Bitte beachten Sie die Angaben des Herstellers) den Topf nach Vorschrift (Seite 123) öffnen
2–3 EL geriebenes Schwarzbrot	unter den Pfefferpotthast rühren, aufkochen lassen 2–3 Minuten kochen lassen, nochmals mit den Gewürzen abschmecken.

Pro Portion: E: 49 g; F: 17 g; Kh: 17 g; kJ: 1803 ; kcal: 431

TIP *Pfefferpotthast läßt sich portionsweise gut einfrieren. Als Beilage Salzkartoffeln und gemischten Salat reichen.*

Nicht nur Max und Moritz sahen einst mit viel Vergnügen „zarte Hühnchen ohne Kopf und Gurgeln lieblich in der Pfanne schmurgeln". Und das dachten sie sicherlich nicht nur über Huhn, Gans oder Pute. Denn auch Wildfleisch von Hase oder Wildkaninchen sind schon immer vielseitige Fleischlieferanten gewesen und stets für eine Überraschung gut! Mit dem Schnellkochtopf gelingt sie natürlich ohne viel Federlesens. Kurze Garzeiten für die unterschiedlichsten Rezepte versprechen raschen Genuß. So spart und gewinnt man Zeit – für sich, seine Gäste und natürlich ein gutes Essen. Daß diese Art des Kochens Appetit auf mehr macht, versteht sich da von selbst.

Wild und Geflügel

Wild und Geflügel

Hasenpfeffer

(Foto Seite 52/53)

Garzeit: 2. Ring, **20:00**

1 küchenfertigen Hasen (etwa 2 kg)	unter fließendem kaltem Wasser abspülen, trockentupfen, evtl. enthäuten, den Hasen portionieren, in eine Schüssel legen
1 Zwiebel	abziehen, in Ringe schneiden, mit
1 Lorbeerblatt	
8 Pfefferkörnern	
4 Pimentkörnern	
4 Wacholderbeeren	zu dem Hasen geben, mit
250 ml (¼ l) Rotweinessig	
500 ml (½ l) Rotwein	begießen, etwa 12 Stunden an einem kühlen Ort stehen lassen, zwischendurch wenden
150 g durchwachsenen Speck	würfeln, im Schnellkochtopf auslassen, die Grieben herausnehmen, die Fleischstücke trockentupfen, in dem Fett portionsweise anbraten
300 g kleine Zwiebeln	Zwiebeln abziehen, darin anbraten, die Beize durch ein Sieb geben, 250 ml (¼ l) davon zu dem Fleisch geben
Salz	
frisch gemahlenen Pfeffer	
2 Thymianzweige	
125 ml (⅛ l) Fleischbrühe	hinzufügen, den Schnellkochtopf schließen nach dem Erscheinen des 2. Ringes die Hitzezufuhr verringern und die Fleischstücke 20 Minuten garen (Bitte beachten Sie die Angaben des Herstellers) den Topf nach Vorschrift (Seite 123) öffnen das Fleisch herausnehmen, warm stellen, die Sauce etwas einkochen lassen
1 EL Weizenmehl	
3 EL Wasser	verrühren, die Sauce damit binden, mit
etwas gemahlenem Zimt	und den Gewürzen abschmecken.

Pro Portion: E: 117 g; F: 41 g; Kh: 11g; kJ: 4194 ; kcal: 999

Wild und Geflügel

Wildkaninchen mit Rotweinsauce

Garzeit: 2. Ring, `16:00`

1 küchenfertigen Wildkaninchen (1,2 kg)	Von das Fett entfernen, Keulen, Läufe und Bauchlappen vom Rücken trennen den Rücken enthäuten, alle Stücke unter fließendem kaltem Wasser abspülen, trockentupfen, mit
Salz frisch gemahlenem Pfeffer	würzen
30 g Pflanzenfett	im Schnellkochtopf erhitzen, die Kaninchenteile portionsweise darin anbraten den Rücken wieder herausnehmen und beiseite stellen
250 ml (¼ l) Rotwein	hinzufügen, den Schnellkochtopf schließen nach dem Erscheinen des 2. Ringes die Hitzezufuhr verringern und das Kaninchen 8 Minuten garen (Bitte beachten Sie die Angaben des Herstellers) den Topf nach Vorschrift (Seite 123) öffnen den Rücken hineingeben den Topf wieder schließen und weitere 8 Minuten garen, den Topf nach Vorschrift (Seite 123) öffnen das Fleisch herausnehmen und warm stellen den Sud etwas einkochen lassen
1 Becher (125 g) Crème double 1 TL Tomatenmark 1 TL Johannisbeergelee	unterrühren die Sauce mit Salz und Pfeffer abschmecken das Fleisch in Portionen schneiden, mit der Sauce servieren.

Pro Portion: E: 70 g; F: 26 g; Kh: 3 g; kJ: 2561; kcal: 611

 Wenn Sie kein Wildkaninchen bekommen können, dann nehmen Sie ein Kaninchen aus der Züchtung.

Wild und Geflügel

Gänseschwarzsauer

Garzeit: 2. Ring, **25:00**

4 Gänsekeulen (à 300 g)	unter fließendem kaltem Wasser abspülen, trockentupfen, mit
Salz frisch gemahlenem Pfeffer	würzen
3 EL Speiseöl 30 g Butter	im Schnellkochtopf erhitzen, das Fleisch darin rundherum anbraten
2 Möhren 200 g Knollensellerie	das Gemüse putzen, schälen, waschen, in kleine Stücke schneiden
2 Zwiebeln	abziehen, in Achtel schneiden, das Gemüse mitandünsten
250 ml (¼ l) Fleischbrühe	hinzufügen, mit Salz und Pfeffer würzen, den Schnellkochtopf schließen, nach dem Erscheinen des 2. Ringes die Hitzezufuhr verringern und die Gänsekeulen 25 Minuten garen (Bitte beachten Sie die Angaben des Herstellers) den Schnellkochtopf nach Vorschrift (Seite 123) öffnen das gare Fleisch herausnehmen, vom Knochen lösen, in Stücke schneiden, den Fond durch ein Sieb geben, Fleisch und Gemüse beiseite stellen, den Fond mit
250 ml (¼ l) Madeira 2 EL Essig	auffüllen
1 EL Zucker 1 TL Lebkuchengewürz gerebelten Thymian 1 Lorbeerblatt 50 g Bitterschokolade 80 g Gänseleber	hinzufügen, einkochen lassen, den Fond entfetten unter fließendem kaltem Wasser abspülen, trockentupfen, von dem Fett befreien, die Leber fein schneiden, Gänseleber und
50 g Butter	zu dem Fond geben, aufkochen lassen, nochmals abschmecken Fleisch und Gemüse wieder in den Sud geben.

Pro Portion: E: 67 g, F: 60 g, Kh: 23 g, kJ: 4036, kcal: 965

Beilage	Salzkartoffeln und Preiselbeeren.

Wild und Geflügel

Geschmorte Poularde in Riesling

Garzeit: 2. Ring, `08:00`

1 Poularde (1,2 kg)	unter fließendem kaltem Wasser abspülen, trockentupfen, in 4 Teile schneiden, mit
Salz, Pfeffer 1 Knoblauchzehe, durchgepreßt gerebeltem Thymian 4 EL Speiseöl	würzen im Schnellkochtopf erhitzen, die Poulardenteile darin runherum anbraten
1 Zwiebel 125 ml (⅛ l) Fleischbrühe 125 ml (⅛ l) Riesling	abziehen, in Würfel schneiden, hinzufügen, mit ablöschen, den Schnellkochtopf schließen, nach dem Erscheinen des 2. Ringes die Hitzezufuhr verringern und die Poulardenteile 8 Minuten garen (Bitte beachten Sie die Angaben des Herstellers) den Topf nach Vorschrift (Seite 123) öffnen
200 g Champignons (Dose)	hinzufügen, etwa 2 Minuten im offenen Schnellkochtopf garen
1 EL Weizenmehl 2 EL Wasser	mit verrühren, die Sauce damit binden, abschmecken.

Pro Portion: E: 59 g; F: 68 g; Kh: 5 g; kJ: 3989; kcal: 952

Rehragout mit Pilzen

Garzeit: 2. Ring, `15:00`

800 g Rehfleisch (Schulter, ohne Knochen)	unter fließendem kaltem Wasser abspülen, trockentupfen, evtl. enthäuten, Fleisch in Würfel schneiden
50 g durchwachsenen Speck 2 EL Speiseöl	in Würfel schneiden im Schnellkochtopf erhitzen, die Speckwürfel darin anbraten, Grieben herausnehmen, Fleischwürfel darin in Portionen anbraten
2 Zwiebeln Salz, Pfeffer gerebelten Thymian gerebelten Rosmarin	abziehen, fein würfeln, hinzufügen

Wild und Geflügel

½ Lorbeerblatt	
2 Nelken	hinzufügen, mit
125 ml (⅛ l) Wasser	
125 ml (⅛ l) Rotwein	ablöschen, den Schnellkochtopf schließen nach dem Erscheinen des 2. Ringes die Hitzezufuhr verringern und das Ragout 15 Minuten garen (Bitte beachten Sie die Angaben des Herstellers) den Topf nach Vorschrift (Seite 123) öffnen
200 g Champignons (Dose)	abtropfen lassen, in Scheiben schneiden, mit
50 g Johannisbeergelee	hinzugeben, erhitzen, das Ragout mit
125 g saurer Sahne	verfeinern, mit Salz und Pfeffer abschmecken.

Pro Portion: E: 49 g; F: 20 g; Kh: 11 g; kJ: 1998; kcal: 458

Putenbrustfilet mit *Pfeffersauce*

Garzeit: 1. Ring, **06:00**

2 Putenbrustfilets (à 300 g)	unter fließendem kaltem Wasser abspülen, trockentupfen, mit
Salz, Pfeffer, Paprika	bestreuen, mit
30 g Weizenmehl	bestäuben
4 EL Speiseöl	im Schnellkochtopf erhitzen das Fleisch darin rundherum anbraten, mit
4 EL Whisky	ablöschen
125 ml (⅛ l) Hühnerbrühe	hinzufügen, den Schnellkochtopf schließen nach dem Erscheinen des 1. Ringes die Hitzezufuhr verringern und das Fleisch 6 Minuten garen (Bitte beachten Sie die Angaben des Herstellers) den Topf nach Vorschrift (Seite 123) öffnen das Fleisch herausnehmen und warm stellen.
	Für die Sauce
125 ml (⅛ l) Schlagsahne	zu dem Fond geben, etwas einkochen lassen
50 g durchwachsenen Speck	in Streifen schneiden und kroß ausbraten
40 g kalte Butter	in die Sauce schlagen
2 EL grüne Pfefferkörner	unterrühren, die Sauce mit Salz, Pfeffer und
1 EL Pilz-Sojasauce	abschmecken, das Fleisch in Scheiben schneiden, mit der Sauce und dem Speck servieren.

Pro Portion: E: 41 g; F: 41 g; Kh: 12 g; kJ: 2687; kcal: 642

Wild und Geflügel

Hühnerfrikassee

Garzeit: 2. Ring, **20:00**

1 Suppenhuhn (etwa 1,2 kg)	unter fließendem kaltem Wasser abspülen, in den Schnellkochtopf legen
1 l Salzwasser 1 abgezogene Zwiebel 2 Nelken 1 Lorbeerblatt	hinzugeben
1 Bund Suppengrün	putzen, waschen, kleinschneiden, zu dem Huhn geben, den Schnellkochtopf schließen, nach dem Erscheinen des 2. Ringes die Hitzezufuhr (Bitte beachten Sie die Angaben des Herstellers) verringern und das Huhn 20 Minuten garen den Topf nach Vorschrift (Seite 123) öffnen, das Huhn herausnehmen, von Haut und Knochen befreien, das Fleisch in Würfel schneiden die Brühe durch ein Sieb geben, 750 ml (¾ l) davon abmessen
40 g Butter	im Topf zerlassen
30 g Weizenmehl	unter Rühren hinzugeben, so lange erhitzen, bis es hellgelb ist, mit der abgemessenen Hühnerbrühe aufgießen, zum Kochen bringen, etwa 5 Minuten kochen lassen, die Sauce mit
Salz, Pfeffer Zitronensaft 100 ml Weißwein Zucker	würzen, mit
2 EL Kapern 175 g Spargelspitzen (Dose) 150 g Champignons (Dose)	abschmecken
	abtropfen lassen, mit dem Fleisch hinzugeben, umrühren, das Fleisch in die Sauce geben,
1 Eigelb	unter die Sauce ziehen.

Pro Portion: E: 68 g; F: 28 g; Kh: 11 g; kJ: 2640; kcal: 629

Dazu Bouillonreis, Kopfsalat oder das Frikassee als Füllung für Blätterteigpasteten nehmen.

Wild und Geflügel

Huhn in Rotwein

Garzeit: 2. Ring, **10:00**

1 küchenfertiges Hähnchen (etwa 1¼ kg)	unter fließendem kaltem Wasser abspülen, trockentupfen, in 6–8 Stücke schneiden, mit
Salz frisch gemahlenem Pfeffer	würzen
80 g durchwachsenen Speck 50 g Butter	in Würfel schneiden, im Schnellkochtopf auslassen hinzufügen, das Fleisch von allen Seiten gut darin anbraten
1 Zwiebel	abziehen, würfeln
200 g Champignons	putzen, mit Küchenpapier abreiben, evtl. abspülen, vierteln die beiden Zutaten zu dem Fleisch geben, kurz mitschmoren lassen
250 ml (¼ l) Rotwein 250 ml (¼ l) Hühnerbrühe	hinzugießen
1 Lorbeerblatt 4 Nelken einige Rosmarinnadeln	dazugeben, den Schnellkochtopf schließen nach dem Erscheinen des 2. Ringes die Hitzezufuhr verringern, das Huhn 10 Minuten garen (Bitte bachten Sie die Angaben des Herstellers) den Topf nach Vorschrift (Seite 123) öffnen das Fleisch auf einer vorgewärmten Platte anrichten, warm stellen
2 gestr. EL Weizenmehl 3 EL Rotwein	mit anrühren, unter die Flüssigkeit rühren, zum Kochen bringen, etwa 2 Minuten kochen lassen die Sauce mit Salz und Pfeffer abschmecken, Lorbeerblatt und Nelken entfernen.

Pro Portion: E: 67 g; F: 56 g; Kh: 7 g; kJ: 3576; kcal: 854

Statt Rotwein Hühnerbrühe verwenden und 100 g Möhrenstifte mitgaren. Als Beilage gedünstete Bohnen und Reis servieren.

Wild und Geflügel

Truthahnrollbraten

Garzeit: 2. Ring, `22:00`

800 g Truthahnrollbraten	mit
Salz	
frisch gemahlenem Pfeffer	
Kerbel	würzen
3 EL Speiseöl	im Schnellkochtopf erhitzen, den Truthahnrollbraten darin von allen Seiten anbraten
2 Zwiebeln	abziehen, fein würfeln, mit
40 g Tomatenketchup	dazugeben, mit
200 ml Weißwein	
100 ml Fleischbrühe	ablöschen, den Schnellkochtopf schließen nach dem Erscheinen des 2. Ringes die Hitzezufuhr verringern und den Rollbraten 22 Minuten garen (Bitte beachten Sie die Angaben des Herstellers) den Topf nach Vorschrift (Seite 123) öffnen das Fleisch herausnehmen und etwas ruhen lassen
2 hartgekochte Eier	pellen, Eiweiß vom Eigelb trennen, das Eiweiß in Streifen schneiden
20 g Kapern	hacken
200 g Tomaten	kurz in kochendes Wasser legen (nicht kochen lassen), Tomaten abziehen, entkernen, Tomaten in Streifen schneiden
125 g saurer Sahne	die Zutaten in den Bratenfond geben, erhitzen, mit verfeinern, über den in Scheiben geschnittenen Braten geben.

Pro Portion: E: 55 g; F: 18 g; Kh: 8 g; kJ: 2036; kcal: 487

Putenoberschenkel *in Rahmsauce*

Garzeit: 2. Ring, `20:00`

1 Putenoberschenkel (800 g)	unter fließendem kaltem Wasser abspülen, trockentupfen, mit
Salz, Pfeffer	bestreuen
40 g durchwachsenen Speck	in Würfel schneiden, im Schnellkochtopf mit
2 EL Speiseöl	auslassen, die Grieben herausnehmen, Putenoberschenkel von allen Seiten darin anbraten

(Fortsetzung Seite 64)

Wild und Geflügel

1 Zwiebel	abziehen, würfeln, mit
6 EL Sherry	
125 ml (⅛ l) Fleischbrühe	zu dem Fleisch geben, den Schnellkochtopf schließen, nach dem Erscheinen des 2. Ringes das Putenfleisch 20 Minuten garen (Bitte beachten Sie die Angaben des Herstellers) den Topf nach Vorschrift (Seite 123) öffnen
150 g Pfifferlinge (Dose)	abtropfen lassen, zu dem Fleisch geben
125 ml (⅛ l) Schlagsahne	mit
2 EL Weizenmehl	verrühren, unter die Sauce rühren, zum Kochen bringen, 2–3 Minuten kochen lassen, mit Salz, Pfeffer abschmecken.

Pro Portion: E: 43 g; F: 24 g; Kh: 3 g; kJ: 1908; kcal: 456

Geschnetzelte Hähnchenbrust

Garzeit: 1. Ring, **04:00**

4 Hähnchenbrustfilets (à 150 g)	unter fließendem kaltem Wasser, abspülen, trockentupfen, in nicht zu kleine Streifen schneiden
400 g Champignons	putzen, mit Küchenpapier abreiben, evtl. abspülen, in feine Scheiben schneiden
60 g Butter	zerlassen, Hähnchenfleisch darin anbraten, mit
Salz, Pfeffer	würzen, Champignons hinzufügen, andünsten, mit
125 ml (⅛ l) Weißwein	
4 cl trockenem Wermut	ablöschen, die Hälfte von
250 ml (¼ l) Schlagsahne	angießen, den Schnellkochtopf schließen, nach dem Erscheinen des 1. Ringes das Geschnetzelte 4 Minuten garen (Bitte beachten Sie die Angaben des Herstellers) den Topf nach Vorschrift (Seite 123) öffnen
20 g Weizenmehl	mit dem Rest der Sahne verrühren, das Geschnetzelte damit binden
einige Zitronenmelisseblätter	abspülen, trockentupfen, fein hacken, in die Sauce geben, das Geschnetzelte mit Salz und Pfeffer abschmecken.

Pro Portion: E: 43 g; F: 35 g; Kh: 8 g; kJ: 2363; kcal: 564

*E*in altes Sprichwort rät „Fisch will schwimmen". Das bezieht sich allerdings nicht auf die Flüssigkeit, in der der Fisch zubereitet werden soll, sondern besagt lediglich, daß zu einem guten Fischgericht ein ebensolches Getränk gehört. Profis wissen, daß die Zubereitung von Fisch einer besonderen Sorgfalt bedarf. Zartes Fleisch und dezenter Geschmack wollen eben schonend behandelt werden. Was wäre also besser als den Fisch sanft im Schnellkochtopf zu garen? So behält er seine Konsistenz und sein Aroma – ohne daß der sonst übliche, mitunter recht unangenehme Fischgeruch entsteht und die Vorfreude auf ein gelungenes Essen getrübt wird.

Fisch

Fisch

Forelle mit Staudensellerie

(Foto Seite 66/67–für 2 Personen)

Garzeit: 1. Ring, `07:00`

500 g Staudensellerie	putzen, harte Außenfäden abziehen, dicke Stangen halbieren, waschen, in 5 cm lange Stücke schneiden die Hälfte von
60 g Butter	im Schnellkochtopf zerlassen, Staudensellerie andünsten, mit
375 ml (³/₈ l) Gemüsebrühe	auffüllen den Steg mit dem gelochten Einsatz in den Schnellkochtopf hineinsetzen
2 kleine Forellen	unter fließendem kaltem Wasser abspülen, trockentupfen, mit
Salz frisch gemahlenem Pfeffer	würzen, mit
Zitronensaft	beträufeln Forellen in den Einsatz geben, die restliche Butter darauf verteilen den Schnellkochtopf schließen, nach dem Erscheinen des 1. Ringes die Hitzezufuhr verringern und das Gericht 7 Minuten garen (Die Garzeit richtet sich nach der Größe der Forellen) (Bitte beachten Sie die Angaben des Herstellers) den Topf nach Vorschrift (Seite 123) öffnen den Einsatz mit den Forellen herausnehmen, Forellen warm stellen den Staudensellerie auf ein Sieb geben, Brühe auffangen und 125 ml (⅛ l) davon abmessen, mit
125 ml (⅛ l) Schlagsahne	wieder in den Schnellkochtopf geben und zum Kochen bringen, etwas einkochen lassen
2 EL mittelscharfen Senf	in die Sauce einrühren
50 g kalte Butter	mit dem Pürierstab unterrühren, so daß die Sauce etwas dicklich wird, mit Salz, Pfeffer, Zitronensaft, abschmecken
etwas Zucker 1 EL gehackte Kräuter, z. B. Dill, Petersilie	unterrühren die Forellen mit dem Staudensellerie und der Sauce anrichten.

Pro Portion: E: 33 g; F: 71 g; Kh: 16 g; kJ: 3530; kcal: 844

Fisch

Fischcurry Bombay

Garzeit: 1. Ring, `04:00`

4 Seelachs- oder Kabeljaufilets (à 200 g)	unter fließendem kaltem Wasser abspülen, trockentupfen, mit dem
Saft von 1 Zitrone	beträufeln, mit
Salz	
frisch gemahlenem Pfeffer	bestreuen
250 ml (¼ l) Wasser	in den Schnellkochtopf geben
	den ungelochten Einsatz mit
2 EL flüssiger Butter	bestreichen
3 Zwiebeln	abziehen, in sehr dünne Scheiben schneiden
1 Apfel	schälen, vierteln, entkernen, in kleine Würfel schneiden
	Zwiebelscheiben und Apfelwürfel in den Einsatz geben, mit
1 TL Currypulver	bestreuen, die Fischfilets darauf legen
125 ml (⅛ l) Weißwein	darübergießen
	den Einsatz auf den Steg in den Schnellkochtopf stellen, den Schnellkochtopf schließen, nach dem Erscheinen des 1. Ringes die Hitzezufuhr verringern, den Fisch 4 Minuten garen (Bitte beachten Sie die Angaben des Herstellers) den Topf nach Vorschrift (Seite 123) öffnen den Fisch auf einer vorgewärmten Platte warm stellen
	den Fischsud durch ein Sieb gießen, 250 ml (¼ l) davon abmessen
80 g gekochten Schinken	in Würfel schneiden
40 g Butter	im Schnellkochtopf zerlassen
1½ EL Weizenmehl	darüberstäuben, mit Fischbrühe und
125 ml (⅛ l) Schlagsahne	ablöschen, zum Kochen bringen, 2–3 Minuten kochen lassen
	den Fisch in die Sauce geben, mit Salz, Pfeffer, Zitronensaft und Currypulver abschmecken, die Sauce mit dem Fisch servieren.

Pro Portion: E: 33 g; F: 26 g; Kh: 10 g; kJ: 1882; kcal: 449

Fisch

Seelachsfilet im eigenen Saft

Garzeit: 1. Ring, `05:00`

250 ml (¼ l) Wasser	in den Schnellkochtopf gießen
4 Seelachsfilets (à 150 g)	unter fließendem kaltem Wasser abspülen, trockentupfen, mit
1 EL Zitronensaft	beträufeln, mit
Salz	bestreuen
	den ungelochten Einsatz des Schnellkochtopfes mit
flüssiger Butter	ausstreichen
100 g Möhren	
100 g Knollensellerie	beide Zutaten putzen, schälen, waschen
1 Stange Porree (Lauch)	putzen, Stange längs halbieren, waschen
	das Gemüse in feine Streifen schneiden
2 mittelgroße Tomaten	kurze Zeit in kochendes Wasser legen (nicht kochen lassen), in kaltem Wasser abschrecken, enthäuten, in Scheiben schneiden
100 g Champignons	putzen, mit Küchenpapier abreiben, evtl. abspülen, in Scheiben schneiden
	das Gemüse in den Einsatz geben, die Seelachsfilets darauflegen, mit
1 EL flüssiger Butter	beträufeln, den Einsatz auf den Steg in den Schnellkochtopf stellen, den Schnellkochtopf schließen, nach dem Erscheinen des 1. Ringes die Hitzezufuhr verringern, das Seelachsfilet 5 Minuten garen (Bitte beachten Sie die Angaben des Herstellers) den Topf nach Vorschrift (Seite 123) öffnen das gare Fischfilet anrichten, das Gemüse darübergeben, mit
gehackter Petersilie	bestreuen.

Pro Portion: E: 29 g; F: 4 g; Kh: 5 g; kJ: 800; kcal: 191

Statt Filets können Sie auch ganze, küchenfertige Fische verwenden. Die Fische dann 8 Minuten garen.

Fisch

Risotto mit Lachs

Garzeit: 2. Ring, `08:00`

1 Zwiebel	abziehen, fein würfeln
1 Knoblauchzehe	
400 g Lachsfilet	unter fließendem kaltem Wasser abspülen, trockentupfen, in Würfel schneiden, mit
Zitronensaft	beträufeln, mit
Salz	bestreuen, mit
2 EL Wermut	beträufeln, zugedeckt etwas ruhen lassen
30 g Butter	im Schnellkochtopf erhitzen, Zwiebel- und Knoblauchwürfel unter Rühren darin anschwitzen hinzugeben, mit
200 g Rundkornreis	
1 Dose (0,2 g) Safran	
125 ml (⅛ l) Weißwein	verrühren, nach dem ersten Aufkochen
500 ml (½ l) Gemüse- oder Hühnerbrühe	zugießen, mit Salz,
frisch gemahlenem Pfeffer	würzen

den Schnellkochtopf schließen, nach dem Erscheinen des 2. Ringes die Hitzezufuhr verringern, das Risotto 8 Minuten garen (Bitte beachten Sie die Angaben des Herstellers) den Topf nach Vorschrift (Seite 123) öffnen, das Risotto umrühren, darauf die Lachsstücke legen, den Deckel auf den Topf geben und das Risotto etwa 5 Minuten nachziehen lassen danach das Risotto mit

2 EL gehackter Petersilie bestreuen.

Pro Portion: E: 23 g; F: 8 g; Kh: 43 g; kJ: 2060; kcal: 490

Das Risotto auf vorgewärmte Teller verteilen, mit Butterflöckchen und Parmesan garnieren.

Fisch

Kabeljaufilets in *Weinsauce*

(Foto)

Garzeit: 1. Ring, **03:00**

4 Kalbejaufilets (à 180 g)	unter fließendem kaltem Wasser abspülen, trockentupfen, mit
Salz, Pfeffer	würzen, mit
Zitronensaft	beträufeln
	Fischfilets zur Hälfte übereinanderschlagen
2 Zwiebeln	abziehen, würfeln, im Schnellkochtopf
1 EL Butter	zerlassen, die Zwiebelwürfel darin glasig dünsten, die Fischfilets darauf legen, mit
250 ml (¼ l) Weißwein	ablöschen
	den Schnellkochtopf schließen, nach dem Erscheinen des 1. Ringes die Hitzezufuhr verringern und den Fisch 3 Minuten garen (Bitte beachten Sie die Angaben des Herstellers) den Topf nach Vorschrift (Seite 123) öffnen den Fisch herausnehmen und warm stellen
1 EL Weizenmehl	mit
30 g Butter	verkneten, in die Sauce einrühren, gut durchkochen lassen, über den Fisch geben, mit
gehacktem Dill	bestreuen.

Pro Portion: E: 31 g; F: 9 g; Kh: 6 g; kJ: 1189; kcal: 283

Fischrollen auf *Porreegemüse*

Garzeit: 1. Ring, **08:00**

4 Rotbarschfilets (à 120 g)	unter fließendem kaltem Wasser abspülen, trockentupfen, mit
Zitronensaft	beträufeln, von
8 Scheiben durchwachsenen Speck	je 1 Speckscheibe auf und unter 1 Fischfilet legen, mit
frisch gemahlenem Pfeffer	bestreuen und die Fischfilets aufrollen
1 kg Porree (Lauch)	putzen, waschen, in etwa 2 cm große Scheiben schneiden

(Fortsetzung Seite 76)

Fisch

2 EL Butter	im Schnellkochtopf zerlassen, den Porree darin andünsten
125 ml (⅛ l) Gemüsebrühe	hinzugießen, mit Pfeffer würzen, die Fischrollen darauf geben, den Schnellkochtopf schließen, nach dem Erscheinen des 1. Ringes die Hitzezufuhr verringern und den Fisch 8 Minuten garen (Bitte beachten Sie die Angaben des Herstellers) den Topf nach Vorschrift (Seite 123) öffnen die Fischrollen herausnehmen und warm stellen
1 EL Weizenmehl 125 ml (⅛ l) Schlagsahne Salz	mit anrühren, das Porreegemüse damit binden, mit abschmecken, mit den Fischrollen auf einer vorgewärmten Platte anrichten.

Pro Portion: E: 33 g; F: 64 g; Kh: 8 g; kJ: 3241; kcal: 774

Schellfisch in Senfsauce

Garzeit: 1. Ring, **02:00**

4 Schellfischfilets (à 150 g)	unter fließendem kaltem Wasser abspülen, trockentupfen, mit
Salz frisch gemahlenem Pfeffer	bestreuen, mit
2 EL Zitronensaft	beträufeln
250 ml (¼ l) Fischfond	in den Schnellkochtopf geben, die Fischfilets nebeneinander hineinlegen
1 Lorbeerblatt 5 Pfefferkörner	hinzugeben, den Schnellkochtopf schließen, nach dem Erscheinen des 1. Ringes die Hitzezufuhr verringern und den Fisch 2 Minuten garen (Bitte beachten Sie die Angaben des Herstellers) den Topf nach Vorschrift (Seite 123) öffnen die Filets herausnehmen, auf eine Platte legen, warm stellen, Lorbeerblatt und Pfefferkörner aus dem Fond entfernen
1–2 EL Weizenmehl 125 ml (⅛ l) Schlagsahne	mit verrühren, in den Fischfond geben

Fisch

1 EL mittelscharfen Senf	hinzufügen, 2–3 Minuten kochen lassen
5o g kalte Butter	unterschlagen
	die Sauce mit Salz, Pfeffer,
Zucker	abschmecken
1 EL gehackte Petersilie	unterrühren
2 Tomaten	abspülen, sehr dünn schälen, dann als Rose zusammenlegen, mit dem Fisch und der Sauce auf Tellern anrichten.

Pro Portion: E: 6o g; F: 29 g; Kh: 15 g; kJ: 2468; kcal: 59o

Rotbarschröllchen *in Tomatensauce*

Garzeit: 1. Ring, **03:00**

4 Rotbarschfilets (à 18o g)	unter fließendem kaltem Wasser abspülen, trockentupfen, mit
Salz	
frisch gemahlenem Pfeffer	würzen, mit
Zitronensaft	beträufeln
75 g durchwachsenen Speck	
75 g Gewürzgurken	
75 g Paprikaschoten	
(aus dem Glas)	in Streifen schneiden, die Fischfilets damit belegen, aufrollen, mit einem Holzspieß feststecken
25 g Butter	im Schnellkochtopf zerlassen, die Fischröllchen hineinlegen
25o ml (¼ l) Fischbrühe	mit
6o g Tomatenmark	verrühren, über den Fisch geben den Schnellkochtopf schließen, nach dem Erscheinen des 1. Ringes die Hitzezufuhr verringern und den Fisch 3 Minuten garen (Bitte beachten Sie die Angaben des Herstellers) den Topf nach Vorschrift (Seite 123) öffnen die Fischröllchen herausnehmen, warm stellen
2o g Weizenmehl	mit
2 EL Schlagsahne	
1 EL gehackter Petersilie	verrühren, die Sauce damit binden, mit bestreuen.

Pro Portion: E: 37 g; F: 26 g; Kh: 6 g; kJ: 1815; kcal: 434

Bei allem was aus dem Gemüsebeet kommt, zeigt sich der Schnellkochtopf in seinem Element. In herkömmlichen Töpfen sind Erbsen, Möhren und Co. viel zu lange viel zu viel Wasser ausgesetzt. Ihre Vitamine gehen baden, ihre Geschmacksstoffe kommen ins Schwimmen. Geraten sie aber unter Dampf und Druck, bleiben sie was sie sind: knackig frische Gesundheitsgranaten, die noch so schmecken, wie sie schmecken sollen. Daß bei dieser Gartechnik auch noch Kalorien gespart werden ist ein zusätzlicher Pluspunkt. Für figurbewußte Esser ein Grund mehr, das junge Gemüse mit Volldampf zu genießen.

Gemüse und Beilagen

Gemüse und Beilagen

Kohlrouladen mit Herbstfüllung

(Foto Seite 78/79)

Garzeit: 2. Ring, `08:00`

1 kleinen Weißkohl	putzen, acht schöne Blätter ablösen Weißkohl vierteln, den Strunk herausschneiden Weißkohlblätter in
kochendes Salzwasser	legen, etwa 1 Minute aufkochen lassen und herausnehmen, leicht trockentupfen und auf einer Arbeitsplatte auslegen
200 g frische Pfifferlinge oder gemischte Pilze	putzen, mit Küchenpapier abreiben, evtl. abspülen und etwas kleiner schneiden
1 Zwiebel 2 Knoblauchzehen	abziehen, fein würfeln
40 g Butter	in einer Pfanne erhitzen, darin Pilze und das Zwiebel-Knoblauch-Gemisch einige Minuten andünsten, mit
Salz, Pfeffer	würzen, die Hälfte des Pfanneninhalts für die Sauce beiseitestellen, die andere Hälfte klein hacken und in eine Schüssel mit
300 g Rinderhackfleisch 2 Eiern 1 TL gerebeltem Majoran 1 Prise Currypulver 1 TL scharfem Senf	geben
2 Brötchen vom Vortag	mit heißem Wasser übergießen, kurz quellen lassen, gut ausdrücken und zum Hackfleisch geben die Masse gut durcharbeiten, nochmals mit den Gewürzen abschmecken und auf die 8 Weißkohlblätter verteilen, diese seitlich einschlagen, fest aufrollen und mit je einer von
8 dünnen, durchwachsenen Speckscheiben	umwickeln
2 EL Speiseöl	im Schnellkochtopf erhitzen und darin die Kohlrouladen von allen Seiten anbraten, mit
500 ml (½ l) Fleischbrühe	aufgießen, den Schnellkochtopf schließen nach dem Erscheinen des 2. Ringes die Hitzezufuhr verringern, die Kohlrouladen 8 Minuten garen (Bitte beachten Sie die Angaben des Herstellers) den Topf nach Vorschrift (Seite 123) öffnen die fertigen Kohlrouladen aus dem Topf nehmen

Gemüse und Beilagen

50 ml Bratensauce 2 EL Crème fraîche	und die Garflüssigkeit durch ein Sieb streichen den Sud erneut aufkochen lassen, mit auf ⅔ einkochen lassen, mit verfeinern und zuletzt die gebratenen Pilze einrühren die Kohlrouladen auf eine vorgewärmte Servierplatte geben und mit der Sauce überziehen.

Pro Portion: E: 31 g; F: 75 g; Kh: 24 g; kJ: 3979; kcal: 951

Möhren

Garzeit: 2. Ring, `04:00`

1 kg Möhren	putzen, schälen, waschen, in Würfel oder Scheiben schneiden
1 ½ EL Butter	im Schnellkochtopf zerlassen, die Möhren darin andünsten, mit
Salz Zucker	bestreuen
125 ml (⅛ l) Gemüsebrühe	hinzugießen, den Schnellkochtopf schließen nach dem Erscheinen des 2. Ringes die Hitzezufuhr verringern, die Möhren 4 Minuten garen (Bitte beachten Sie die Angaben des Herstellers) den Topf nach Vorschrift (Seite 123) öffnen die Möhren mit
1 EL feingehackter Petersilie	bestreuen.

Pro Portion: E: 2 g; F: 4 g; Kh: 12 g; kJ: 392; kcal: 94

 Wer gerne Sahne-Möhren ißt, gibt unter die gegarten Möhren 125 ml (⅛ l) Schlagsahne, erhitzt die Möhren nochmals und bestreut sie dann mit gehackter Petersilie.

Gemüse und Beilagen

Teltower Rübchen und Möhren

(Foto)

Garzeit: 2. Ring, `04:00`

500 g Teltower Rübchen *500 g Möhren*	beide Zutaten putzen, schälen, waschen, in Scheiben schneiden
1½ EL Butter	im Schnellkochtopf zerlassen, das Gemüse darin andünsten, mit
Salz, Zucker	bestreuen
125 ml (⅛ l) Gemüsebrühe	hinzugießen, Schnellkochtopf schließen, nach dem Erscheinen des 2. Ringes die Hitzezufuhr verringern und das Gemüse 4 Minuten garen (Bitte beachten Sie die Angaben des Herstellers) den Topf nach Vorschrift (Seite 123) öffnen das Gemüse mit
1 EL feingehackter Petersilie	bestreuen.

Pro Portion: E: 2 g; F: 4 g; Kh: 13 g; kJ: 419; kcal: 100

Bayrisch Kraut

Garzeit: 2. Ring, `08:00`

1 kg Weißkohl	putzen, in Streifen schneiden, evtl. waschen
1 Zwiebel	abziehen und würfeln
125 g durchwachsenen Speck	in feine Würfel schneiden
30 g Butterschmalz	im Schnellkochtopf erhitzen, Speckwürfel darin andünsten, Zwiebelwürfel hinzufügen, goldgelb andünsten, Weißkohl,
1 TL Kümmel, Salz, Pfeffer *250 ml (¼ l) Gemüsebrühe*	dazugeben, den Schnellkochtopf schließen nach dem Erscheinen des 2. Ringes die Hitzezufuhr verringern und den Weißkohl 8 Minuten garen (Bitte beachten Sie die Angaben des Herstellers) den Topf nach Vorschrift (Seite 123) öffnen
2 EL Obstessig	unterrühren, das Kraut mit Salz, Pfeffer abschmecken.

Pro Portion: E: 6 g; F: 28 g; Kh: 8 g; kJ: 1379; kcal: 326

Gemüse und Beilagen

Sauerkraut mit Sektsauce

Garzeit: 1. Ring, **10:00**

100 g durchwachsenen Speck	klein würfeln
2 Zwiebeln	abziehen und in Streifen schneiden
2 Äpfel	schälen, halbieren, entkernen und in Spalten schneiden, mit dem
Saft von ½ Zitrone	
1 TL Zucker	vermengen
2 EL Butterschmalz	im Schnellkochtopf erhitzen Speckwürfel, Apfelspalten und Zwiebelstreifen unter Rühren andünsten
600 g Sauerkraut	auseinanderzupfen und hinzufügen, mit
1½ EL Apfelschnaps	beträufeln und mit
250 ml (¼ l) Gemüsebrühe	aufgießen
5 Wacholderbeeren	
2 Lorbeerblättern	
5 Gewürznelken	
Salz	
einige weiße Pfefferkörner	in das Sauerkraut rühren, den Schnellkochtopf schließen, nach dem Erscheinen des 1. Ringes die Hitzezufuhr verringern das Sauerkraut 10 Minuten garen (Bitte beachten Sie die Angaben des Herstellers) den Topf nach Vorschrift (Seite 123) öffnen das fertige Sauerkraut durchrühren
125 ml (⅛ l) Sekt	hinzufügen und sofort servieren.

Pro Portion: E: 6 g; F: 24 g; Kh: 15g; kJ: 1398; kcal: 333

Das Sauerkraut mit Sektsauce paßt hervorragend zu edlen Gerichten wie Schweinefilet oder Rinderfilet. Den restlichen Sekt zum Sauerkraut trinken.

Gemüse und Beilagen

Erbsen

Garzeit: 2. Ring, **03:00**

600 g ausgepalte Erbsen, 2 kg mit Hülsen	
1 EL Butter	in den gelochten Einsatz des Schnellkochtopfes geben, mit
Salz, Zucker	würzen
125 ml (⅛ l) Gemüsebrühe	angießen, den Einsatz auf den Steg in den Schnellkochtopf setzen, den Schnellkochtopf schließen nach dem Erscheinen des 2. Ringes die Hitzezufuhr verringern und die Erbsen 3 Minuten garen (Bitte beachten Sie die Angaben des Herstellers) den Topf nach Vorschrift (Seite 123) öffnen die Erbsen mit
1 EL feingehackter Petersilie	bestreuen.

Pro Portion: E: 1o g; F: 3 g; Kh: 2o g; kJ: 659; kcal: 157

Bohnen

Garzeit: 2. Ring, **05:00**

1 EL Butter	in den gelochten Einsatz des Schnellkochtopfes geben
2 Zwiebeln	abziehen, fein hacken, hinzugeben
600 g TK-grüne Bohnen	unaufgetaut hinzugeben, mit
Salz, Pfeffer	würzen
125 ml (⅛ l) heiße Gemüsebrühe	in den Schnellkochtopf geben den Einsatz auf den Steg in den Schnellkochtopf setzen, den Schnellkochtopf schließen nach dem Erscheinen des 2. Ringes die Hitzezufuhr verringern und die Bohnen 5 Minuten garen (Bitte beachten Sie die Angaben des Herstellers) den Topf nach Vorschrift (Seite 123) öffnen die Bohnen mit
Bohnenkraut 1 EL feingeschnittenem Schnittlauch	bestreuen.

Pro Portion: E: 9 g; F: 2 g; Kh: 9 g; kJ: 296 ; kcal: 7o

Gemüse und Beilagen

Geschmortes Sauerkraut mit Paprika

(Foto)

Garzeit: 2. Ring, **06:00**

200 g Zwiebeln	abziehen, fein würfeln
20 g Butter	zerlassen, Zwiebeln im Schnellkochtopf andünsten
500 g Sauerkraut	etwas lockerzupfen, hinzugeben, mitandünsten
250 ml (¼ l) Fleischbrühe	hinzugießen
1 rote Paprikaschote	
1 grüne Paprikaschote	halbieren, entstielen, entkernen, die weißen Scheidewände entfernen, die Schoten waschen, in Streifen schneiden, mit
1 EL Tomatenmark	zu dem Sauerkraut geben, den Schnellkochtopf schließen, nach dem Erscheinen des 2. Ringes die Hitzezufuhr verringern und das Sauerkraut 6 Minuten garen (Bitte beachten Sie die Angaben des Herstellers), den Topf nach Vorschrift (Seite 123) öffnen, das Sauerkraut mit
Salz, Pfeffer	abschmecken.

Pro Portion: E: 5 g; F: 6 g; Kh: 7 g; kJ: 481; kcal: 114

Mangold

Garzeit: 1. Ring, **03:00**

800 g geputzten Mangold	in Streifen schneiden, die grünen Blätter grob zerschneiden, beides gründlich waschen
50 g Butter	zerlassen
2 Zwiebeln	abziehen, fein würfeln, Mangoldstreifen und Zwiebelwürfel darin dünsten, Mangoldblätter hinzufügen, kurz andünsten, mit
Salz, Pfeffer	bestreuen
200 ml Gemüsebrühe	hinzugeben, den Schnellkochtopf schließen nach dem Erscheinen des 1. Ringes die Hitzezufuhr verringern und den Mangold 3 Minuten garen (Bitte beachten Sie die Angaben des Herstellers) den Topf nach Vorschrift (Seite 123) öffnen
125 g Schmand	unterrühren, mit Salz und Pfeffer abschmecken.

Pro Portion: E: 6 g; F: 18 g; Kh: 8 g; kJ: 929; kcal: 221

Gemüse und Beilagen

Gefüllte Paprikaschoten

Garzeit: 2. Ring, `08:00`

	Von
4 großen, grünen Paprikaschoten (à 250 g)	die Stiele entfernen, die Deckel abschneiden, Kerne und weiße Scheidewände entfernen, die Schoten waschen, trockentupfen, die Deckel in Streifen schneiden.
	Für die Füllung
500 g Gehacktes (halb Rind-, halb Schweinefleisch)	
2 kleine Zwiebeln	abziehen, fein würfeln
200 g gekochten Reis	mit der Hälfte der Zwiebeln
1 Ei	
1 TL Senf	
1 EL gehackter Petersilie	
Salz, Pfeffer	würzen, die Füllung in die Paprikaschoten geben
50 g Butterschmalz	im Schnellkochtopf erhitzen, die restlichen Zwiebelwürfel darin andünsten
200 g Tomaten	abspülen, vierteln, Stengelansatz entfernen, Tomaten mit den Paprikastreifen zu den Zwiebeln geben und kurz mitdünsten
2 EL Tomatenmark 500 ml (½ l) Gemüsebrühe	hinzugeben, die Paprikaschoten darauf setzen, den Schnellkochtopf schließen, nach dem Erscheinen des 2. Ringes, die Hitzezufuhr verringern, Paprikaschoten 8 Minuten garen (Bitte beachten Sie die Angaben des Herstellers), den Topf nach Vorschrift (Seite 123) öffnen, Paprikaschoten auf einer vorgewärmten Platte anrichten, warm stellen, die Flüssigkeit durch ein Sieb streichen mit
1½ EL Weizenmehl 4 EL kaltem Wasser	anrühren, unter die Flüssigkeit rühren, zum Kochen bringen, 2–3 Minuten kochen lassen, die Sauce mit Salz, Pfeffer abschmecken
4 Scheiben durchwachsenen Speck	in einer Pfanne kroß braten, über die Paprikaschoten legen.

Pro Portion: E: 36 g; F: 68 g; Kh: 52g; kJ: 4230; kcal: 1008

Linsengemüse mit Schinkenspeck

Garzeit: 2. Ring, `15:00`

2oo g Linsen	im Schnellkochtopf mit
5oo ml (½ l) Gemüsebrühe	zum Kochen bringen
1oo g Möhren	
1oo g Knollensellerie	putzen, schälen, waschen, in Würfel schneiden, mit
½ Lorbeerblatt	
Nelken	
4oo g Schinkenspeck oder durchwachsenen Speck	
5oo ml (½ l) Rotwein	zu den Linsen geben, den Schnellkochtopf schließen nach dem Erscheinen des 2. Ringes die Hitzezufuhr verringern und das Linsengemüse 15 Minuten garen (Bitte beachten Sie die Angaben des Herstellers) den Schnellkochtopf nach Vorschrift (Seite 123) öffnen den Schinkenspeck herausnehmen, in Scheiben schneiden
2oo g Zwiebeln	abziehen, würfeln
3o g Butter	zerlassen, die Zwiebelwürfel darin glasig dünsten
2o g Weizenmehl	hinzufügen, unter Rühren hellbraun werden lassen das Linsengemüse mit der Zwiebel-Mehlschwitze binden, mit
Salz	
frisch gemahlenem Pfeffer	
2 EL Essig	
Zucker	abschmecken Schinkenspeck oder durchwachsenen Speck auf dem Gemüse anrichten.

Pro Portion: E: 16 g; F: 76 g; Kh: 21 g; kJ: 3919; kcal: 936

Sie können das Linsengemüse auch ohne Rotwein kochen. Den Rotwein dann durch Gemüsebrühe ersetzen. Statt Schinkenspeck können Sie auch 6oo g Kasselernacken verwenden.

Gemüse und Beilagen

Bunter Gemüseteller

Garzeit: 2. Ring, `04:00`

1 rote Paprikaschote 1 gelbe Paprikaschote	halbieren, entstielen, entkernen, die weißen Scheidewände entfernen die Schoten waschen, in Rauten schneiden
1 mittelgroßen Zucchino 2 Möhren	putzen, waschen, in Stifte schneiden Möhren putzen, waschen, schälen, in feine Rosetten oder Scheiben schneiden von
150 g Prinzeßböhnchen	die Enden abschneiden, evtl. abfädeln, waschen das Gemüse auf dem gelochten Einsatz, auf den Steg in den Schnellkochtopf setzen
250 ml (¼ l) Gemüsebrühe	hinzugeben den Schnellkochtopf schließen nach dem Erscheinen des 2. Ringes die Hitzezufuhr verringern und das Gemüse 4 Minuten garen (Bitte beachten Sie die Angaben des Herstellers) den Topf nach Vorschrift (Seite 123) öffnen, das Gemüse herausnehmen, mit
Salz frisch gemahlenem Pfeffer	würzen, servieren.

Pro Portion: E: 0,5 g; F: 1 g; Kh: 5 g; kJ: 164; kcal: 39

Nach Geschmack zerlassene Butter darübergeben. Mit Weißbrot und Sauce Hollandaise ergibt die Gemüseplatte eine leichte Mahlzeit. Sie können auch andere Gemüse für diesen Gemüseteller verwenden, z. B. je 200 g Blumenkohl, Brokkoli oder Kohlrabi.

Gemüse und Beilagen

Käsekartoffeln

Garzeit: 2. Ring, `06:00`

1 kg Kartoffeln	waschen, schälen, abspülen, in Scheiben schneiden
2 EL Speiseöl	im Schnellkochtopf erhitzen
50 g durchwachsenen Speck	in Würfel schneiden, hinzugeben und im Schnellkochtopf auslassen
2 Zwiebeln	abziehen, in Scheiben schneiden, in dem Speck hellgelb dünsten lassen
	die Kartoffelscheiben hinzufügen
250 ml (¼ l) Fleischbrühe	hinzufügen, mit
Salz, Pfeffer	
gerebeltem Majoran	würzen, gut verrühren
100 g geriebenen Emmentaler Käse	darüberstreuen, den Schnellkochtopf schließen nach Erscheinen des 2. Ringes die Hitzezufuhr verringern, die Käsekartoffeln 6 Minuten garen (Bitte beachten Sie die Angaben des Herstellers) den Topf nach Vorschrift (Seite 123) öffnen die Kartoffeln mit
2 EL feingeschnittenem Schnittlauch	bestreut servieren.

Pro Portion: E: 15 g; F: 23 g; Kh: 40 g; kJ: 1863; kcal: 445

Salzkartoffeln

Garzeit: 2. Ring, `07:00`

800 g Kartoffeln	waschen, schälen, abspülen, in gleichmäßige Stücke schneiden, den Schnellkochtopf mit
250 ml (¼ l) Wasser etwas Salz	füllen, Kartoffeln mit in den gelochten Einsatz geben, in den Schnellkochtopf stellen, den Schnellkochtopf schließen
	nach dem Erscheinen des 2. Ringes die Hitzezufuhr verringern und die Kartoffeln 7 Minuten garen (Bitte beachten Sie die Angaben des Herstellers) den Topf nach Vorschrift (Seite 123) öffnen.

Pro Portion: E: 4 g; F: 0 g; Kh: 30 g; kJ: 580; kcal: 138

Gemüse und Beilagen

Kartoffelgulasch

Garzeit: 1. Ring, `08:00`

100 g durchwachsenen Speck	in kleine Würfel schneiden
2 Zwiebeln	abziehen und fein würfeln
1 kg Kartoffeln	schälen und in gleichgroße Würfel schneiden bis zum Gebrauch in kaltes Wasser legen
4 EL Speiseöl	im offenen Schnellkochtopf erhitzen unter Rühren die Zwiebel- und Speckwürfel glasig andünsten
1 EL Paprikapulver	darüberstäuben, kräftig rühren und mit
1 EL Weißweinessig *3 EL Wasser*	ablöschen
3 Lorbeerblätter	zerdrücken, mit
½ TL gemahlenem Kümmel *1 EL gerebeltem Majoran*	in die Zwiebel-Speck-Mischung rühren Kartoffelwürfel hinzufügen, mit
Salz *frisch gemahlenem Pfeffer*	würzen, mit
500 ml (½ l) Fleischbrühe	aufgießen, den Schnellkochtopf schließen nach dem Erscheinen des 1. Ringes die Hitzezufuhr verringern, die Kartoffeln in etwa 8 Minuten garen (Bitte beachten Sie die Angaben des Herstellers) den Topf nach Vorschrift (Seite 123) öffnen das Kartoffelgulasch nach Belieben mit
2 EL Crème fraîche	verfeinern, evtl. nochmals abschmecken.

Pro Portion: E: 8 g; F: 32 g; Kh: 40 g; kJ: 2071; kcal: 494

Dieses kräftig abgeschmeckte Kartoffelgericht mit frischem Bauernbrot, Butter und gemischten Salaten genießen. Dazu einen trockenen Rotwein servieren.

Gemüse und Beilagen

Himmel und Erde

(Für 2 Personen)

Garzeit: 2. Ring, **06:00**

800 g mehligkochende Kartoffeln	waschen, schälen, abspülen, in Würfel schneiden
3 mürbe Äpfel (400 g)	schälen, vierteln, das Kerngehäuse entfernen Äpfel in Stücke schneiden
Salzwasser	in den Schnellkochtopf geben den gelochten Einsatz auf den Steg stellen die Kartoffelwürfel in den Einsatz geben, mit
Salz	bestreuen, darauf die Apfelwürfel geben, mit
1 EL Zucker	bestreuen, den Schnellkochtopf schließen nach dem Erscheinen des 2. Ringes die Hitzezufuhr verringern und das Gericht 6 Minuten garen (Bitte beachten Sie die Angaben des Herstellers) den Topf nach Vorschrift (Seite 123) öffnen das Gericht in eine Schüssel geben und warm stellen
100 g durchwachsenen Speck	würfeln, mit
30 g Butter	auslassen
4 Zwiebeln	abziehen, in Scheiben schneiden, in der Butter andünsten, über Himmel und Erde geben.

Pro Portion: E: 14 g; F: 46 g; Kh: 90 g; kJ: 3583; kcal: 854

TIP *Himmel und Erde zu gebratener Leber oder Blutwurst reichen. Als Getränk Bier servieren.*

Gemüse und Beilagen

Rotkohl

Garzeit: 2. Ring, `10:00`

2 Zwiebeln	abziehen, fein würfeln
200 g Äpfel	schälen, halbieren, Kerngehäuse entfernen, in Würfel schneiden
1 kg Rotkohl	putzen, vierteln, den Strunk herausschneiden, den Kohl waschen, sehr fein schneiden oder hobeln
40 g Schweineschmalz	zerlassen, Zwiebelwürfel darin andünsten, Kohl und Apfelwürfel hinzugeben
1 Lorbeerblatt 2 Gewürznelken 3 Wacholderbeeren Salz frisch gemahlenen Pfeffer 2 TL Zucker 2 EL Essig 250 ml (¼ l) Gemüsebrühe	dazugeben, den Schnellkochtopf schließen nach dem Erscheinen des 2. Ringes die Hitzezufuhr verringern und den Rotkohl 10 Minuten garen (Bitte beachten Sie die Angaben des Herstellers) den Topf nach Vorschrift (Seite 123) öffnen
3 EL Johannisbeergelee	unter den Rotkohl rühren, mit Salz und Pfeffer abschmecken.

Pro Portion: E: 5 g; F: 12 g; Kh: 26 g; kJ: 984; kcal: 234

Lyoner Kartoffeln

Garzeit: 1. Ring, `10:00`

800 g Kartoffeln	waschen, schälen, abspülen, in Würfel schneiden
40 g Butter	im Schnellkochtopf erhitzen
5 große Zwiebeln	abziehen, in Scheiben schneiden, in der zerlassenen Butter goldgelb dünsten die Kartoffeln hineingeben, mit
Salz, Pfeffer	würzen
250 ml (¼ l) Weißwein	hinzufügen, den Schnellkochtopf schließen, nach dem Erscheinen des 1. Ringes die Hitzezufuhr verringern und die Kartoffeln 10 Minuten garen

Gemüse und Beilagen

(Bitte beachten Sie die Angaben des Herstellers)
den Topf nach Vorschrift (Seite 123) öffnen
Kartoffeln umrühren, evtl. nochmals abschmecken.

Pro Portion: E: 5 g; F: 8 g; Kh: 35 g; kJ: 1172; kcal: 279

Marinierter Spargel

Garzeit: 1. Ring, `06:00`

1 kg Spargel	von oben nach unten schälen, darauf achten, daß die Schalen vollständig entfernt, die Köpfe aber nicht verletzt werden, holzige Stellen vollkommen wegschneiden
250 ml (¼ l) Salzwasser	in den Schnellkochtopf geben, den gelochten Einsatz auf den Steg in den Schnellkochtopf stellen Spargel in den Einsatz geben
20 g weiche Butter	darauf verteilen, den Schnellkochtopf schließen nach dem Erscheinen des 1. Ringes die Hitzezufuhr verringern und den Spargel 6 Minuten garen (Bitte beachten sie die Angaben des Herstellers) den Topf nach Vorschrift (Seite 123) öffnen den Spargel herausnehmen, etwas abkühlen lassen und auf eine Platte legen.

Zum Marinieren mit

6 EL Speiseöl
2–3 EL Weißweinessig
3 EL Spargelflüssigkeit
½ TL Salz
1 TL Zucker
grob gemahlenem Pfeffer
je 1 geh. TL frisch
geschnittenem Estragon,
Dill, Kerbel

vermischen, über den Spargel geben
den Spargel 1–2 Stunden marinieren lassen.

Pro Portion: E: 4 g; F: 22 g; Kh: 5 g; kJ: 1031; kcal: 246

Eine zeitgemäße Ernährung verlangt nach einer gleichwertigen, ebenbürtigen Kochtechnik. Viele, die sich aufgrund jüngster Fleischskandale vermehrt für vegetarische Gerichte interessieren und natürlich diejenigen, die seit jeher von der fleischlosen Kochkunst überzeugt sind, finden mit einem Schnellkochtopf den idealen Partner für die Zubereitung ihrer Speisen. Gemüse beispielsweise behält seinen kompletten Nährwert: Spurenelemente, Mineralstoffe, Vitamine und Aromen werden nicht mehr durch unnötig viel Kochwasser ausgeschwemmt, sondern behalten ihre Vollwertigkeit. Und das kann einen schon auf den richtigen Geschmack bringen.

Vegetarisch

Vegetarisch

Tomatenreis

(Foto Seite 98/99)

Garzeit: 1. Ring, **10:00**

2 Zwiebeln	abziehen, würfeln
5 EL Speiseöl	im Schnellkochtopf erhitzen, die Zwiebelwürfel darin andünsten
250 g Langkornreis	hinzugeben, leicht glasig werden lassen
3 enthäutete Tomaten	grob zerkleinern, kurz mitdünsten
500 ml (½ l) Tomatensaft	
250 ml (¼ l) Fleischbrühe	hinzugeben, mit
Salz, Pfeffer	
gerebeltem Oregano	würzen, den Schnellkochtopf schließen, nach dem Erscheinen des 1. Ringes die Hitzezufuhr verringern und den Tomatenreis 10 Minuten garen (Bitte beachten Sie die Angaben des Herstellers) den Topf nach Vorschrift (Seite 123) öffnen vor dem Servieren
50 g geriebenen Emmentaler	unter den Reis rühren.

Pro Portion: E: 12 g; F: 21 g; Kh: 58 g; kJ: 1961; kcal: 468

Getreide-Ciorba

Garzeit: 2. Ring, **09:00**

75 g Roggenkörner	
75 g Gerstenkörner	über Nacht in
500 ml (½ l) Wasser	einweichen
200 g Sauerkraut	kleinschneiden
1 grüne Paprikaschote	halbieren, entstielen, entkernen, die weißen Scheidewände entfernen, die Schoten waschen und würfeln
1 Stange Porree (Lauch)	putzen, waschen, in feine Ringe schneiden
2 Stengel Staudensellerie	putzen, waschen, harte Außenfäden abziehen, die Stengel waschen, in Scheiben schneiden
2 Möhren	putzen, schälen waschen, in dünne Scheiben schneiden, das zerkleinerte Gemüse mit Körnern, Einweichwasser,
500 ml (½ l) Gemüsebrühe	
Salz	

Vegetarisch

1 TL gemahlenem Fenchel
1 TL gerebeltem Estragon
frisch gemahlenem Pfeffer

im Schnellkochtopf zum Kochen bringen
den Schnellkochtopf schließen, nach dem
Erscheinen des 2. Ringes die Hitzezufuhr verringern
und das Getreide-Ciorba 9 Minuten garen
(Bitte beachten Sie die Angaben des Herstellers)
den Topf nach Vorschrift (Seite 123) öffnen

2 abgezogene Fleischtomaten
1 Becher (125 g) saurer Sahne

entkernen, Tomaten in Stücke schneiden, mit

unter das Getreide-Ciorba heben
das Gericht mit den Gewürzen abschmecken.

Pro Portion: E: 8 g; F: 5 g; Kh: 32 g; kJ: 898; kcal: 215

Möhrenreis

Garzeit: 1. Ring, `08:00`

1 Zwiebel
1 Knoblauchzehe
2 Möhren
50 g Butter

abziehen, fein würfeln
putzen, schälen, waschen, in feine Würfel schneiden
im Schnellkochtopf erhitzen, unter ständigem
Rühren Zwiebel-, Knoblauch- und Möhrenwürfel
darin andünsten

200 g Langkornreis
Salz, Pfeffer
1 EL gerebeltem Thymian
500 ml (½ l) Gemüsebrühe

hinzugeben, mit

würzen, mit
aufgießen, den Schnellkochtopf schließen, nach
dem Erscheinen des 1. Ringes die Hitzezufuhr
verringern, den Möhrenreis 8 Minuten garen
(Bitte beachten Sie die Angaben des Herstellers)
den Topf nach Vorschrift (Seite 123) öffnen
den Reis durchrühren, mit

frisch geriebenem Parmesan
40 g Butterflöckchen

locker vermengen.

Pro Portion: E: 8 g; F: 22 g; Kh: 43 g; kJ: 1683; kcal: 401

Vegetarisch

Pellkartoffeln mit Kräuterquark

Garzeit: 2. Ring, `10:00`

1 kg Kartoffeln	waschen, in den gelochten Einsatz des Schnellkochtopfes geben, mit
Salz Kümmelsamen	bestreuen den Einsatz auf den Steg in den Schnellkochtopf stellen
500 ml (½ l) Wasser	hinzufügen, den Schnellkochtopf schließen nach dem Erscheinen des 2. Ringes die Hitzezufuhr verringern und die Kartoffeln 10 Minuten garen (Bitte beachten Sie die Angaben des Herstellers) den Schnellkochtopf nach dem Garen der Pellkartoffeln nur langsam abdampfen lassen, da sie sonst platzen den Einsatz mit den Kartoffeln herausnehmen, die Kartoffeln pellen.
500 g Magerquark 125 ml (⅛ l) Schlagsahne Salz frisch gemahlenem Pfeffer	Für den Kräuterquark mit verrühren, mit
Knoblauch 2 EL gehackte Kräuter ½ rote Paprikaschote	abschmecken unterrühren halbieren, entstielen, die Scheidewände herausschneiden, Paprikaschote waschen, in Streifen schneiden
1 Zwiebel 2 EL Speiseöl	abziehen, in Streifen schneiden, mit den Paprikastreifen in andünsten, über den Kräuterquark geben.

Pro Portion: E: 23 g; F: 16 g; Kh: 45 g; kJ: 1820; kcal: 434

 Statt Magerquark können Sie auch Crème fraîche und Frischkäse verwenden.

Vegetarisch

Maisrahmsuppe

Garzeit: 2. Ring, `03:00`

6 Zwiebeln	abziehen, würfeln
4 EL Maiskeimöl	im Schnellkochtopf erhitzen, die Zwiebelwürfel darin andünsten
6 gegarte Maiskolben oder 1 Dose (245 g) Mais	aus den Maiskolben die Körner mit einem Messer heraustrennen, dabei jeweils an beiden Längsseiten jeder Körnerzeile entlang die Trennhäute schneiden, die Körner zu den Zwiebeln geben
750 ml (¾ l) Gemüsebrühe	hinzugießen den Schnellkochtopf schließen, nach dem Erscheinen des 2. Ringes die Hitzezufuhr verringern und die Suppe 3 Minuten garen (Bitte beachten Sie die Angaben des Herstellers) den Topf nach Vorschrift (Seite 123) öffnen die Suppe mit einem Pürierstab oder im Mixer pürieren, durch ein Sieb streichen
125 ml (⅛ l) Schlagsahne Salz frisch gemahlenem Pfeffer geriebener Muskatnuß	dazugeben, mit abschmecken, mit
1 EL gehackter, glatter Petersilie	bestreuen.

Pro Portion: E: 4 g; F: 24 g; Kh: 15g; kJ: 1257; kcal: 300

TIP *Dazu in Butter geröstete Toastbrotwürfel und einen trockenen Weißwein servieren.*

Vegetarisch

Nuß-Rübchen mit Pfifferlingen

Garzeit: 2. Ring, **06:00**

800 g Mai- oder Teltower Rübchen 3 EL Walnußkernöl	putzen, schälen, evtl. große Rüben halbieren im Schnellkochtopf erhitzen, Rübchen darin andünsten, mit
Salz frisch gemahlenem Pfeffer geriebener Muskatnuß 200 ml Gemüsebrühe	bestreuen, mit angießen den Schnellkochtopf schließen, nach dem Erscheinen des 2. Ringes die Hitzezufuhr verringern und die Rübchen 6 Minuten garen (Bitte beachten Sie die Angaben des Herstellers) den Topf nach Vorschrift (Seite 123) öffnen Rüben herausnehmen, in eine Schüssel geben und warm stellen
125 ml (⅛ l) Schlagsahne	zu der Brühe geben, die Sauce um die Hälfte einkochen lassen
50 g Butter	unterrühren die Sauce mit den Gewürzen abschmecken
1 EL Nußlikör 3 EL grob gehackte Walnußkerne 20 g zerlassener Butter 20 g Zucker	unterrühren, die Sauce über die Rübchen geben in mit karamelisieren lassen, über die Rübchen geben.
	Für die Pfifferlinge
250 g geputzte Pfifferlinge 3 EL Speiseöl	abspülen, trockentupfen erhitzen, Pfifferlinge hinzugeben und andünsten, mit Salz und Pfeffer würzen
1 EL glatte Petersilie	abspülen, trockentupfen, in Streifen schneiden, über die Pfifferlinge geben.

Pro Portion: E: 5 g; F: 49 g; Kh: 20 g; kJ: 2370; kcal: 566

Vegetarisch

Siebenkornmischung mit Safran

Garzeit: 2. Ring, `12:00`

250 g Siebenkornmischung	über Nacht in Wasser einweichen
1 Zwiebel	
2 Knoblauchzehen	abziehen, fein würfeln
50 g Butter	im Schnellkochtopf erhitzen, unter ständigem Rühren das Zwiebel-Knoblauch-Gemisch glasig andünsten
	die Siebenkornmischung auf einem Sieb abtropfen lassen, zu dem Zwiebel-Knoblauch-Gemisch geben, kurz mitbraten, mit
Salz	
frisch gemahlenem Pfeffer	würzen, mit
250 ml (¼ l) trockenem Weißwein	
500 ml (½ l) Gemüsebrühe	ablöschen
½ TL Safranfäden	darüberstreuen
	den Schnellkochtopf schließen, nach dem Erscheinen des 2. Ringes die Hitzezufuhr verringern und die Siebenkornmischung 7 Minuten garen
	(Bitte beachten Sie die Angaben des Herstellers) den Topf nach Vorschrift (Seite 123) öffnen
250 g Kartoffeln	waschen, schälen, abspülen, achteln
250 g Brokkoli	putzen, abspülen, in Röschen teilen
250 g Möhren	putzen, schälen, waschen, in Stücke schneiden
	die drei Zutaten in den gelochten Einsatz geben, mit
40 g Butter	belegen, mit Salz bestreuen
	den Einsatz auf den Steg in den Schnellkochtopf stellen, den Schnellkochtopf schließen, nach dem Erscheinen des 2. Ringes die Hitzezufuhr verringern und alles zusammen 5 Minuten garen den Topf nach Vorschrift öffnen, das Gemüse und die Kartoffen auf eine vorgewärmte Platte geben, die Siebenkornmischung mit Salz, Pfeffer abschmecken und zu dem Gemüse geben.

Pro Portion: E: 11 g; F: 21 g; Kh: 52 g; kJ: 2087; kcal: 498

Vegetarisch

Kürbissuppe mit Haselnußklößchen

Garzeit: 2. Ring, `03:00`

	Für die Kürbissuppe
850 g Kürbis	schälen, entkernen, das Kürbisfleisch in kleine Würfel schneiden
2 Zwiebeln	abziehen, fein hacken
50 g Butter	im Schnellkochtopf erhitzen, die Zwiebelwürfel darin andünsten, die Kürbiswürfel hinzufügen,
500 ml (½ l) Gemüsebrühe	dazugeben den Schnellkochtopf schließen, nach dem Erscheinen des 2. Ringes die Hitzezufuhr verringern und die Suppe 3 Minuten garen (Bitte beachten Sie die Angaben des Herstellers) den Topf nach Vorschrift (Seite 123) öffnen, die Suppe mit einem Pürierstab pürieren
1 Becher (150 g) Crème fraîche Salz frisch gemahlenem Pfeffer	unterrühren, mit abschmecken.
	Für die Haselnußklößchen
125 ml (⅛ l) Schlagsahne 1 Prise Salz	mit aufkochen lassen
3 EL gemahlene Haselnußkerne 3 EL Hartweizengrieß	mit vermischen, so lange rühren, bis sich die Masse als Kloß vom Topfboden löst, etwas abkühlen lassen
1 Ei 2 EL gemahlene Haselnußkerne	unterrühren, von der Masse mit zwei Teelöffeln Klößchen abstechen, in kochendem, leicht gesalzenem Wasser etwa 5 Minuten garen die Suppe in Suppentassen füllen, die Klößchen dazugeben
1 Bund Dill	abspülen, fein schneiden, über die Suppe streuen.

Pro Portion: E: 10 g; F: 44 g; Kh: 19 g; kJ: 2181; kcal: 520

Da kann das Essen noch so üppig sein, für eine süße Leckerei im nachhinein haben große und kleine Naschkatzen garantiert noch ein Plätzchen frei. Wie gut, wenn man dann einen Schnellkochtopf hat, der ihre süßen Wünsche im Handumdrehen zu erfüllen weiß. Egal ob Pudding oder Dampfnudeln, ein Dessert zum Verwöhnen läßt sich immer zaubern. Besonders gut gelingen dabei fruchtig, frische Kompotte. Äpfel, Birnen, Pflaumen oder Pfirsische, wonach auch immer die Leckermäuler lechzen, in zwei bis drei Minuten ist alles fertig. Ein Glück, daß man nun zum Schlecken und Schlemmen soviel Zeit hat.

Desserts

Desserts

Sahnereis mit Kirschen

(Foto S. 11o–111 – für 8 Personen)

Garzeit: 1. Ring,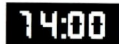

5oo ml (½ l) Schlagsahne	
5oo ml (½ l) Milch	mit
2oo g Rundkornreis	
1 Prise Salz	
1 Pck. Vanillin-Zucker	
8o g Zucker	in den Schnellkochtopf geben

den Schnellkochtopf schließen, nach dem Erscheinen des 1. Ringes die Hitzezufuhr verringern und den Reis 14 Minuten garen
(Bitte beachten Sie die Angaben des Herstellers)
den Topf nach Vorschrift (Seite 123) öffnen

1 Glas (82o ml)
Sauerkirschen

abtropfen lassen, den Saft auffangen
den Sahnereis nach dem Garen nochmals abschmecken, auf Dessertteller verteilen
etwas Kirschsaft mit

2o g Speisestärke

verrühren, den Kirschsaft damit binden, die Kirschen unterrühren, zu dem Reis servieren.

Pro Portion: E: 4 g; F: 22 g; Kh: 41 g; kJ: 1656 ; kcal: 395

TIP *Unter den garen Reis in Rum eingeweichte Rosinen rühren. Statt Kirschen kann auch Kompott von anderen Früchten gereicht werden.*

Desserts

Mandelpudding

Garzeit: 1. Ring, **30:00**

100 g Butter	mit Handrührgerät mit Rührbesen geschmeidig rühren, nach und nach
100 g Zucker 1 Pck. Vanillin-Zucker 3 Eier Salz 2 Tropfen Bittermandel-Aroma	
50 g abgezogene, gemahlene Mandeln	hinzufügen
150 g Weizenmehl 50 g Speisestärke	mit mischen, sieben, abwechselnd mit Milch unterrühren, die Masse in eine gefettete, mit
Semmelbröseln	ausgestreute Wasserbadform (1,5 l) füllen, mit dem Deckel verschließen die Form in den Schnellkochtopf stellen und so viel Wasser hinzugießen, daß die Form zu 1/3 im Wasser steht den Schnellkochtopf schließen, nach dem Erscheinen des 1. Ringes die Hitzezufuhr verringern und den Pudding 30 Minuten garen (Bitte beachten Sie die Angaben des Herstellers) den Topf nach Vorschrift (Seite 123) öffnen.

Pro Portion: E: 13 g; F: 33 g; Kh: 68 g; kJ: 2721; kcal: 650

TIP *Dazu frisches, gezuckertes Obst oder angeschlagene Sahne, abgeschmeckt mit Zucker, Vanillemark und Amaretto reichen.*

Desserts

Bayrische Dampfnudeln

Garzeit: 1. Ring, `09:00`

300 g Weizenmehl 1 Pck. Trockenhefe 50 g Zucker 1 Pck. Bourbon-Vanille-Zucker 1 Prise Salz 1 Ei 125 ml (⅛ l) lauwarme Milch abgeriebene Schale von 1 Zitrone (unbehandelt)	in eine Rührschüssel sieben, mit sorfältig vermischen hinzufügen, mit Handrührgerät mit Knethaken zunächst auf niedrigster, dann auf höchster Stufe in etwa 5 Minuten zu einem Teig verabeiten den Teig an einem warmen Ort so lange stehen lassen, bis er sich sichtbar vergrößert hat den Teig auf der Arbeitsfläche gut durchkneten, den Teig zu einer Rolle formen, daraus dann 8 Kugeln formen, die Teigkugeln auf eine bemehlte Arbeitsfläche legen, nochmals so lange gehen lassen, bis sich die Teigkugeln sichtbar vergrößert haben, im Schnellkochtopf
100 ml Schlagsahne 100 ml Milch 30 g Butter	erhitzen, Dampfnudeln (maximal 6 Stück in einem Garvorgang) in die Flüssigkeit setzen den Schnellkochtopf schließen, nach dem Erscheinen des 1. Ringes die Hitzezufuhr verringern, die Dampfnudeln 9 Minuten garen (Bitte beachten Sie die Angaben des Herstellers) dann den Schnellkochtopf von der Herdplatte nehmen und geschlossen 10 Minuten stehen lassen, nicht öffnen, da sonst die Dampfnudeln zusammenfallen, den Topf nach Vorschrift (Seite 123) öffnen.

Pro Portion: E: 16 g; F: 18 g; Kh: 77 g; kJ: 2357; kcal: 563

Dampfnudeln mit Kirschkompott und Vanillesauce servieren. Nach Belieben mit Puderzucker bestäuben, mit Zitronenmelisse verzieren.

Desserts

Apfelkompott

Garzeit: 1. Ring, **03:00**

250 ml (¼ l) Wasser	in den Schnellkochtopf geben
600 g Äpfel	schälen, halbieren, achteln, Kerngehäuse entfernen die Äpfel in den ungelochten Einsatz füllen, mit
1 EL Zucker	bestreuen
1 EL Zitronensaft	
1 Stück Zimtstange	hinzufügen, den Einsatz auf den Steg in das Wasser stellen, den Schnellkochtopf schließen, nach dem Erscheinen des 1. Ringes die Hitzezufuhr verringern und das Kompott 3 Minuten garen (Bitte beachten Sie die Angaben des Herstellers) den Topf nach Vorschrift (Seite 123) öffnen die Zimtstange aus dem Kompott entfernen, das Kompott abkühlen lassen.

Pro Portion: E: 0,4 g; F: 0,6 g; Kh: 18 g; kJ: 357; kcal: 85

Rotes Würzkompott

Garzeit: 1. Ring, **05:00**

400 g Zwetschen	waschen, halbieren, entsteinen
400 g Sauerkirschen	waschen, entstielen, entsteinen das Obst mit
100 g Zucker	
125 ml (⅛ l) Wasser	
125 ml (⅛ l) Rotwein	
1 Zimtstange	
Mark von 1 Vanilleschote	in den Schnellkochtopf geben den Schnellkochtopf schließen, nach dem Erscheinen des 1. Ringes die Hitzezufuhr verringern und das Obst 5 Minuten garen (Bitte beachten Sie die Angaben des Herstellers) den Topf nach Vorschrift (Seite 123) öffnen
300 g Brombeeren	verlesen, vorsichtig waschen, grüne Blättchen abzupfen, die Brombeeren unter das Obst mischen
4 EL Crème de Cassis	unterrühren, die Zimtstange entfernen das Kompott erkalten lassen.

Pro Portion: E: 3 g; F: 2 g; Kh: 57g; kJ: 1325; kcal: 317

Desserts

Backobstkompott mit Klößen

Backobst 2. Ring, `08:00`   Klöße 1. Ring, `04:00`

250 g gemischtes Backobst	mit
125 ml (⅛ l) Rotwein	
125 ml (⅛ l) Wasser	
1 Zimtstange	
50 g Zucker	in den Schnellkochtopf geben
	den Schnellkochtopf schließen, nach dem Erscheinen des 2. Ringes das Backobst 8 Minuten garen
	(Bitte beachten Sie die Angaben des Herstellers)
	den Topf nach Vorschrift (Seite 123) öffnen
1 EL Speisestärke	mit
2 EL Wasser	verrühren, das Backobst damit binden.
	Für die Klöße
375 ml (⅜ l) Milch	mit
25 g Butter	in einem Topf zum Kochen bringen
125 g Weizenmehl	sieben, mit
75 g Grieß	auf einmal in die von der Kochstelle genommene Flüssigkeit schütten, zu einem glatten Kloß rühren, unter Rühren noch 1 Minute erhitzen, den heißen Kloß sofort in eine Schüssel geben, nach und nach
3–4 Eier	mit Handrührgerät mit Knethaken auf höchster Stufe unterarbeiten
2 Brötchen	in sehr kleine Würfel schneiden
75 g Butter	zerlassen, die Brötchenwürfel goldgelb rösten, zu dem Mehlkloß geben
	aus dem Teig kleine Klöße formen (mit nassen Händen oder mit 2 Löffeln)
	Klöße in 2 Portionen garen, die Klöße in den gelochten Einsatz setzen, den Einsatz auf dem Steg in den mit
750 ml (¾ l) Wasser	gefüllten Schnellkochtopf stellen
	den Schnellkochtopf schließen, nach dem Erscheinen des 1. Ringes die Hitzezufuhr verringern und die Klöße 4 Minuten garen
	den Topf nach Vorschrift (Seite 123) öffnen
	das Backobst mit den Klößen zusammen servieren.

Pro Portion: E: 19 g; F: 31 g; Kh: 81 g; kJ: 3061; kcal: 731

*E*gal wie man ihn nennt, ob Schnellkochtopf oder Dampfgarer, welchen Typ man bevorzugt, welche Ausführung man wählt: Wer bislang nur mit „normalen" Töpfen hantiert hat, sollte sich genauestens über Tips und Tricks der neuen Kochtechnik informieren. Die verschiedenen Hersteller wetteifern mit immer neuen und besseren Ideen um ihre Kunden. Da gibt es Topfdeckel mit Sichtfenster oder nickelfreie Beschichtungen für Allergiker. Damit niemandem bei all diesen Finessen vorzeitig der Dampf ausgeht oder man aus Unsicherheit unter Druck gerät – hier unser ausführlicher Ratgeber mit allem Wissenswerten zum Thema gelingsicheres Kochen mit dem Schnellkochtopf.

Ratgeber

Ratgeber

Schnellkochen-Schnellkochtopf

In zwei Drittel aller Haushalte gibt es einen Schnellkochtopf. Manche besitzen sogar mehrere in verschiedenen Größen. Das dokumentiert die Beliebtheit und den Bekanntheitsgrad dieses Haushaltsgerätes. Erst die permanente Praxis und das Gefühl für den individuellen Topf erspart Zeit, verringert den Energieaufwand und beschert großartige Kochergebnisse.

Auf den folgenden Seiten wollen wir Ihnen den richtigen Einstieg durch wertvolle Tips, vielleicht noch nicht gewußte Kniffe und den Verweis auf raffinierte Rezepte verraten. So werden hoffentlich auch manche im Keller liegende Schnellkochtöpfe wieder aktiviert, die Kaufentscheidung für einen „Neuen" erleichtert oder der häufig in Gebrauch gehaltene Schnellkochtopf bekommt wieder einen neuen, noch gewichtigeren Stellenwert in Ihrer Küche.

Der Schnellkochtopf, auch als Druckkochtopf oder als Dampfkochtopf bezeichnet, ist ein Topf, der während des Kochvorganges hermetisch verschlossen wird, so daß unter Druck das entsprechende Gargut gekocht wird. Unter dieser konzentrierten Hitzeeinwirkung, kombiniert mit dem fehlenden Luftsauerstoff haben die natürlichen Nährsalze und Vitamine den Vorteil, daß diese weitgehend erhalten bleiben. Die Ersparnis an Zeit, im Schnitt bis maximal 70% und die Verringerung der Energiekosten bis zu durchschnittlich 40% sind zudem vorteilhafte Argumente für diesen Topf.

Welcher Topf darf es denn sein?

Die Palette der Schnellkochtöpfe ist sehr vielseitig bestückt. Um den richtigen Topf für die individuellen Bedürfnisse zu finden, bedarf es fundierter Informationen, sei es durch entsprechende Verkaufsgespräche oder gezielte Verkaufsbeschreibung und Prospekte. Welche Größe, Aussehen, Material, Designeroptik oder der Preis – das sind alles Punkte, die beim Kauf eines Topfes berücksichtigt werden sollten. Vielleicht wäre es ganz gut eine Checkliste für die Anforderungen Ihres Wunschtopfes zu erstellen:

1. Wieviele Personen leben im Haushalt? Welche Größe ist erforderlich?

2. Wird der Topf überwiegend für große Gerichte oder mehr für kleinere Gerichte verwendet?

3. Aus welchem Material soll der Topf sein?

4. Sind Zusatzbehör und Erweiterungsmöglichkeiten erwünscht?

Erst die Gebrauchsanleitung lesen!

Nachdem Sie Ihren Schnellkochtopf gewählt haben, müssen Sie sich Zeit nehmen, die Gebrauchsanweisung und die Sicherheitsvorschriften zu lesen. Es wäre unverantwortlich einen vermeidbaren Unfall heraufzubeschwören. Im wesentlichen können einige Punkte, die für alle Fabrikate gelten, aufgelistet werden, jedoch muß die Bedienungsanleitung des eigenen Topfes mit größter Sorgfalt gelesen werden.

Ratgeber

1. Geben oder verleihen Sie Ihren Schnellkochtopf nie jemanden, der sich nicht damit auskennt oder ohne Bedienungsanleitung damit kochen möchte.

2. Vor jedem erneuten Kocheinsatz die Sicherheitseinrichtungen des Topfes nochmals anhand der Gebrauchsanweisung sorgfältig prüfen.

3. Für Ihr Fabrikat nie Ersatzteile eines anderen Fabrikats verwenden. Nur Originalteile einsetzen. Die Verschleißteile müssen regelmäßig erneuert werden.

4. Die Füllmengen des jeweiligen Topfes nicht eigenmächtig verringern oder erhöhen. Dazu eine Faustregel: Mindestens 250 ml (¼ l) Füllmenge und maximal ⅔ Flüssigkeit des Topfinhaltes. Bei schäumenden Speisen die Hälfte vom Topfinhalt.

5. Der Schnellkochtopf sollte während des Kochens nicht unbeaufsichtigt sein. Zwischendurch den Stand des Kochanzeigers prüfen.

6. Grundsätzlich sollte der Schnellkochtopf vor dem Öffnen leicht gerüttelt werden. Dadurch lösen sich eventuell entstandene Dampfblasen beim Kochgut und beim Öffnen kann es nicht aufspritzen. Beim Abdampfen Hände und Gesicht nicht über dem Deckel halten.

7. Während der Schnellkochtopf unter Druck steht, diesen nie mit Gewalt öffnen, sondern die Öffnungshinweise in der Gebrauchsanweisung beachten.

8. Den Schnellkochtopf niemals in die Mikrowelle oder in den Backofen stellen.

9. Die Deckel der Töpfe nicht in der Spülmaschine waschen. Der Topf kann alleine, je nach Gebrauchsanweisung, in der Spülmaschine gespült werden.

Ratgeber

Welche Topfgrößen sind zu empfehlen?

Schnellkochtöpfe und Schnellbratpfannen werden in verschiedenen Größen angeboten:

Schnellbratpfannen gibt es mit einem Fassungsvermögen von ca. 2 bis 2,5 l. Diese Pfannen können ohne Deckel verwendet werden oder mit dem speziellen Deckel zum Schnellkochen. Die Pfannen werden von manchen Herstellern in Kombination mit einem Schnellkochtopf angeboten, da der Deckel für Topf und Pfanne paßt.

Schnellkochtöpfe mit einem Fassungsvermögen von 3 Litern sind für Ein-Personen-Haushalte zu empfehlen.

Der mittlere Schnellkochtopf hat ein Fassungsvermögen von etwa 4,5 Liter. Das ist die gewöhnliche Topfgröße für einen Zwei-Personen-Haushalt.

Die normale Haushaltsgröße wird mit 6 bis 8 Litern (entweder 6 l oder 7,5 l) angeboten. Das ist der gängigste Topf für einen Durchschnittshaushalt mit 4 Personen.

Es gibt natürlich noch ein bis zwei größere Schnellkochtöpfe, aber diese werden in der Regel für gewerbliche Zwecke genutzt.

Grundsätzlich werden die unterschiedlichsten Topfgrößen mit entsprechendem Zubehör angeboten. Ein Siebeinsatz zum Dämpfen oder zum Etagenkochen ist Standard.

Was koche ich im Schnellkochtopf?

Anbraten: Fleisch mit Speiseöl auf dem Topfboden anbraten und mit mindestens 250 ml (¼ l) Flüssigkeit aufgießen. Den Topf verschließen und das Fleisch schmoren lassen.

Kochen: Suppen und Eintöpfe. Darauf achten, daß z. B. schäumende oder quellende Lebensmittel, wie z. B. Linsen vor dem Verschließen des Topfes einpaarmal aufgekocht und abgeschäumt werden. Den Topf nur halb mit Flüssigkeit füllen.

Dämpfen: Im Siebeinsatz Gemüse, Kartoffeln oder Fisch mit der Mindestfüllmenge von 250 ml (¼ l) Flüssigkeit dämpfen.

Schmoren: Größeres Gargut, wie z. B. Fleischstücke, ½ Weißkohlkopf in Flüssigkeit schmoren.

Einkochen und Entsaften: von Früchten und Gemüsen.

Ratgeber

Herkömmliches Garen: Natürlich ist der Schnellkochtopf ohne Deckel so zu verwenden wie jeder andere Topf.

Fritieren: In der Schnellbratpfanne ohne Deckel kein Problem.

Der Start des Schnellkochens

Sobald das Gargut mit Flüssigkeit und entsprechender Würzung im Schnellkochtopf ist, den Topf mit dem Deckel verschließen. Grundsätzlich die Eigenheiten des jeweiligen Fabrikats zum Verschließen genauestens beachten. Sobald der Topf fest verschlossen ist, beginnt mit der Wärmezufuhr die Steig- oder Ankochzeit.

Steig- oder Ankochzeit: Das ist die benötigte Zeit bis der Topfinhalt kocht und genügend Dampfentwicklung vorhanden ist, damit die Ventile in Bewegung kommen. Während dieser Zeit möglichst mit einem Kurzzeitwecker die Ventilstellungen am Deckel prüfen.

Garzeit: Diese beginnt mit der entsprechenden Ventileinstellung. Das heißt, daß die Garzeit in den Rezepten ohne Steig- oder Ankochzeit berechnet ist. Je nach Rezept ist beschrieben, ob die Garzeit für den 1. Ring oder mit dem Abwarten für den 2. Ring nötig ist.

Jeder Hersteller hat seine eigene Methode, die unterschiedlichen Druckstufen darzustellen. Ein Hersteller macht dies mit Farben. Das heißt, daß der 1. Ring dem grünen Ring gleichgesetzt werden kann. Der 2. Ring entspricht dem gelben Ring. Der rote Ring bedeutet, daß zuviel Druck erreicht worden ist und die Hitze sofort verringert werden muß. Grundsätzlich ist der 1. Ring für schonendes Garen vorgesehen. Der 2. Ring wird überwiegend beim Schnellkochtopf für das Kochen angewandt.

Fall- oder Absitzzeit: Das ist die Zeit nach Beendigung der Garzeit. Den Topf sofort von der Hitzequelle nehmen. Damit der Dampf restlos entweicht und der Topf geöffnet werden kann, gibt es drei Möglichkeiten:

1. Grundsätzlich kann man abwarten bis der Topf abgekühlt und abgedampft ist. Diese Methode nicht bei Lebensmitteln mit kürzeren Garzeiten anwenden, denn in dieser Zeit garen die Speisen noch nach.

2. Die gängigste Methode ist das Abkühlen des Topfes mit Übergießen von kaltem Wasser. Dazu wird der unter Druck stehende Topf unter einen kalten Wasserstrahl gehalten, bis der Druckanzeiger völlig herabgesunken ist. Darauf achten, daß das Wasser nicht direkt in die Ventile fließt, sondern über die Metallteile des Deckels.

3. Damit der Topf schneller abdampft, kann man bei einigen Herstellern den Garregler auf Position „Abdampfen" stellen. Durch das senkrechte ziemlich rasche Abdampfen sollte man Gesicht und Hände aus dem Gefahrenbereich nehmen. Diese Methode nicht bei schäumenden und breiigen Speisen anwenden, wie Kompotte oder Suppen mit Hülsenfrüchten.

Register

Suppen und Eintöpfe

Tomatensuppe..................	10
Zwiebelsuppe	10
Bohnensuppe mit Mettwurst	11
Bunte Gemüsesuppe..............	12
Brokkoli-Creme-Suppe...........	14
Französischer Suppentopf	15
Chinakohleintopf................	16
Spanischer Hühnertopf	16
Irish Stew	18
Altdeutsche Kartoffelsuppe	20
Erbsentopf	22
Bologneser Reistopf	22
Linseneintopf mit Rauchenden	23
Gulaschsuppe	24
Karibischer Rindfleischtopf........	26
Graupeneintopf.................	27
Ungarische Sauerkrautsuppe	28

Fleisch

Lammbraten	32
Geschmorter Grünkohl mit Kasseler	33
Buntes Reisfleisch	34
Schwarzwälder Sauerfleisch mit Knöpfle	36
Rinderrouladen.................	37
Geschmorte Lammkeule provençale	37
Gulasch	38
Rinderbraten mit Apfelweinsauce .	40
Rinderschmorbraten à la Italia	41
Sauerbraten auf westfälische Art ..	42
Kasseler mit Sauerkraut	44

Kalbsfrikassee	45
Königsberger Klopse mit Salzkartoffeln..................	46
Rollbraten mit Spinat	48
Schweinelendchen im Wirsingmantel.................	50
Westfälischer Pfefferpotthast.......	51

Wild und Geflügel

Hasenpfeffer	54
Wildkaninchen mit Rotweinsauce .	55
Gänseschwarzsauer..............	56
Geschmorte Poularde in Riesling ..	58
Rehragout mit Pilzen	58
Putenbrustfilet mit Pfeffersauce....	59
Hühnerfrikassee	60
Huhn in Rotwein................	62
Truthahnrollbraten	63
Putenoberschenkel in Rahmsauce .	63
Geschnetzelte Hähnchenbrust.....	64

Fisch

Forelle mit Staudensellerie	68
Fischcurry Bombay	69
Seelachsfilet im eigenen Saft	70
Risotto mit Lachs	72
Kabeljaufilets in Weinsauce	74
Fischrollen auf Porreegemüse	74
Schellfisch in Senfsauce	76
Rotbarschröllchen in Tomatensauce	77

Register

Gemüse und Beilagen

Kohlrouladen mit Herbstfüllung....	80
Möhren.......................	81
Teltower Rübchen und Möhren ...	82
Bayrisch Kraut..................	82
Sauerkraut mit Sektsauce........	84
Erbsen.......................	85
Bohnen.......................	85
Geschmortes Sauerkraut mit Paprika.....................	86
Mangold......................	86
Gefüllte Paprikaschoten..........	88
Linsengemüse mit Schinkenspeck..	89
Bunter Gemüseteller.............	90
Käsekartoffeln..................	92
Salzkartoffeln..................	92
Kartoffelgulasch................	93
Himmel und Erde...............	94
Rotkohl.......................	96
Lyoner Kartoffeln...............	96
Marinierter Spargel.............	97

Vegetarisch

Tomatenreis....................	100
Getreide-Ciorba................	100
Möhrenreis....................	101
Pellkartoffeln mit Kräuterquark....	102
Maisrahmsuppe.................	104
Nuß-Rübchen mit Pfifferlingen.....	105
Siebenkornmischung mit Safran...	106
Kürbissuppe mit Haselnußklößchen	108

Desserts

Sahnereis mit Kirschen...........	112
Mandelpudding.................	113
Bayrische Dampfnudeln.........	114
Apfelkompott...................	116
Rotes Würzkompott.............	116
Backobstkompott mit Klößen......	117

Ratgeber

Welcher Topf darf es denn sein? ..	120
Erst die Gebrauchsanleitung lesen!.	120
Welche Topfgrößen sind zu empfehlen?..................	122
Was koche ich im Schnellkochtopf?.......................	122
Der Start des Schnellkochens.....	123

Register

A
Altdeutsche Kartoffelsuppe 20
Apfelkompott. 116

B
Backobstkompott mit Klößen...... 117
Bayrisch Kraut. 82
Bayrische Dampfnudeln 114
Bohnen. 85
Bohnensuppe mit Mettwurst 11
Bologneser Reistopf 22
Brokkoli-Creme-Suppe 14
Bunte Gemüsesuppe. 12
Bunter Gemüseteller. 90
Buntes Reisfleisch 34

C
Chinakohleintopf. 16

D
Dampfnudeln, Bayrische 114

E
Erbsen 85
Erbsentopf 22

F
Fischcurry Bombay. 69
Fischrollen auf Porreegemüse 74
Forelle mit Staudensellerie 68
Französischer Suppentopf 15

G
Gänseschwarzsauer. 56
Gefüllte Paprikaschoten 88
Gemüsesuppe, bunte 12
Gemüseteller, bunter 90
Geschmorte Lammkeule
 provençale 37
Geschmorte Poularde in Riesling .. 58
Geschmorter Grünkohl mit
 Kasseler. 33

Geschmortes Sauerkraut mit
 Paprika. 86
Geschnetzelte Hähnchenbrust. 64
Getreide-Ciorba 100
Graupeneintopf. 27
Grünkohl, geschmorter
 mit Kasseler 33
Gulasch 38
Gulaschsuppe 24

H/I
Hähnchenbrust, geschnetzelte 64
Hasenpfeffer 54
Himmel und Erde 94
Huhn in Rotwein. 62
Hühnerfrikassee 60
Hühnertopf, Spanischer 16
Irish Stew 18

K
Kabeljaufilets in Weinsauce. 74
Kalbsfrikassee 45
Karibischer Rindfleischtopf. 26
Kartoffeln, Lyoner 96
Kartoffelgulasch 93
Kartoffelsuppe, Altdeutsche 20
Käsekartoffeln 92
Kasseler mit Sauerkraut 44
Kohlrouladen mit Herbstfüllung ... 80
Königsberger Klöpse mit
 Salzkartoffeln 46
Kürbissuppe mit Haselnuß-
 klößchen 108

Register

L
Lammbraten 32
Lammkeule provençale,
 geschmorte 37
Linseneintopf mit Rauchenden 23
Linsengemüse mit Schinkenspeck .. 89
Lyoner Kartoffeln 96

M/N
Maisrahmsuppe 1o4
Mandelpudding 113
Mangold 86
Marinierter Spargel 97
Möhren 81
Möhrenreis 1o1
Nuß-Rübchen mit Pfifferlingen 1o5

P
Paprikaschoten, gefüllte 88
Pellkartoffeln mit Kräuterquark 1o2
Pfefferpotthast, Westfälischer 51
Poularde, geschmorte in Riesling .. 58
Putenbrustfilet mit Pfeffersauce 59
Putenoberschenkel in Rahmsauce . 63

R
Rehragout mit Pilzen 58
Reisfleisch, buntes 34
Reistopf, bologneser 22
Rinderbraten mit Apfelweinsauce . 4o
Rinderrouladen 37
Rinderschmorbraten à la Italia 41
Rindfleischtopf, Karibischer 26
Risotto mit Lachs 72
Rollbraten mit Spinat 48
Rotbarschröllchen in Tomatensauce 77
Rotes Würzkompott 116
Rotkohl 96

S
Sahnereis mit Kirschen 112
Salzkartoffeln 92
Sauerbraten auf westfälische Art .. 42
Sauerfleisch, Schwarzwälder mit
 Knöpfle 36
Sauerkraut, geschmortes mit
 Paprika 86
Sauerkraut mit Sektsauce 84
Sauerkrautsuppe, Ungarische 28
Schellfisch in Senfsauce 76
Schwarzwälder Sauerfleisch mit
 Knöpfle 36
Schweineelendchen im
 Wirsingmantel 5o
Seelachsfilet im eigenen Saft 7o
Siebenkornmischung mit Safran ... 1o6
Spanischer Hühnertopf 16
Spargel, marinierter 97
Suppentopf, Französischer 15

T
Teltower Rübchen und Möhren ... 82
Tomatenreis 1oo
Tomatensuppe 1o
Truthahnrollbraten 63

U/W
Ungarische Sauerkrautsuppe 28
Westfälischer Pfefferpotthast 51
Wildkaninchen mit Rotweinsauce . 55
Würzkompott, rotes 116

Z
Zwiebelsuppe 1o

Umwelthinweis	Dieses Buch und der Schutzumschlag wurden auf chlorfrei gebleichtem Papier gedruckt. Die Einschrumpffolie – zum Schutz vor Verschmutzung – ist aus umweltfreundlicher und recyclingfähiger PE-Folie.

Die Rezepte in diesem Buch sind – wenn nicht anders angegeben – für 4 Personen berechnet.

Bei der Garzeitangabe handelt es sich um die reine Kochzeit. Vorbereitungs- und Ankochzeit müssen bei jedem Rezept zusätzlich gerechnet werden.

Wenn Sie Anregungen, Vorschläge oder Fragen zu unseren Büchern haben, rufen Sie uns unter folgender Nummer an (05 21) 52 06 42 oder schreiben Sie uns:

Ceres Verlag, Rudolf August Oetker KG, Redaktion, Am Bach 11, 33602 Bielefeld

Wir danken für die freundliche Unterstützung	Fissler GmbH, Idar-Oberstein Silit-Werke GmbH, Burgau Tefal Deutschland, Walluf WMF AG, Geislingen/Steige
Copyright	©1996 by Ceres Verlag, Rudolf August Oetker KG, Bielefeld
Redaktion	Jasmin Gromzik
Kapiteltexte	Doris Pieper, Rheda-Wiedenbrück
Fotos Titelfoto Foodstyling Innenfotos	Brigitte Wegner, Bielefeld Hans Peter Huke, Bielefeld Thomas Diercks, Hamburg Herbert Maass, Hamburg Fotostudio Toelle, Bielefeld Brigitte Wegner, Bielefeld Winkler Studios, Bremen Bernd Wohlgemuth, Hamburg
Rezeptentwicklung und Beratung	Rose Marie Donhauser, München Mechthild Plogmaker, Bielefeld
Ratgebertext	Rose Marie Donhauser, München
Gestaltung	GDH, Haselhorst, Bielefeld
Reproduktion Herstellung	Mohndruck, Graphische Betriebe GmbH, Gütersloh Mohndruck, Graphische Betriebe GmbH, Gütersloh

Nachdruck, auch auszugsweise, nur mit unserer ausdrücklichen Genehmigung und mit Quellenangabe gestattet.

ISBN 3-7670-0454-2